海上絲綢之路基本文獻叢書

印度古今事蹟考略

〔英〕貨爾況兑奈司 著
汪治 譯

文物出版社

圖書在版編目（CIP）數據

印度古今事蹟考略 /（英）貨爾況兑奈司著 ; 汪治譯. -- 北京 : 文物出版社, 2022.7
（海上絲綢之路基本文獻叢書）
ISBN 978-7-5010-7678-9

Ⅰ. ①印… Ⅱ. ①貨… ②汪… Ⅲ. ①政治－概況－印度 Ⅳ. ① D735.10

中國版本圖書館 CIP 數據核字（2022）第 097842 號

海上絲綢之路基本文獻叢書
印度古今事蹟考略

著　　者：〔英〕貨爾況兑奈司　汪治
策　　劃：盛世博閲（北京）文化有限責任公司

封面設計：鞏榮彪
責任編輯：劉永海
責任印製：張　麗

出版發行：文物出版社
社　　址：北京市東城區東直門内北小街 2 號樓
郵　　編：100007
網　　址：http://www.wenwu.com
經　　銷：新華書店
印　　刷：北京旺都印務有限公司
開　　本：787mm×1092mm　1/16
印　　張：12
版　　次：2022 年 7 月第 1 版
印　　次：2022 年 7 月第 1 次印刷
書　　號：ISBN 978-7-5010-7678-9
定　　價：90.00 圓

總緒

海上絲綢之路，一般意義上是指從秦漢至鴉片戰争前中國與世界進行政治、經濟、文化交流的海上通道，主要分爲經由黄海、東海的海路最終抵達日本列島及朝鮮半島的東海航綫和以徐聞、合浦、廣州、泉州爲起點通往東南亞及印度洋地區的南海航綫。

在中國古代文獻中，最早、最詳細記載『海上絲綢之路』航綫的是東漢班固的《漢書·地理志》，詳細記載了西漢黄門譯長率領應募者入海『齎黄金雜繒而往』之事，書中所出現的地理記載與東南亞地區相關，并與實際的地理狀况基本相符。

東漢後，中國進入魏晉南北朝長達三百多年的分裂割據時期，絲路上的交往也走向低谷。這一時期的絲路交往，以法顯的西行最爲著名。法顯作爲從陸路西行到印度，再由海路回國的第一人，根據親身經歷所寫的《佛國記》（又稱《法顯傳》）一書，詳細介紹了古代中亞和印度、巴基斯坦、斯里蘭卡等地的歷史及風土人情，是瞭解和研究海陸絲綢之路的珍貴歷史資料。

隨着隋唐的統一，中國經濟重心的南移，中國與西方交通以海路爲主，海上絲綢之路進入大發展時期。廣州成爲唐朝最大的海外貿易中心，朝廷設立市舶司，專門管理海外貿易。唐代著名的地理學家賈耽（七三〇～八〇五年）的《皇華四達記》記載了從廣州通往阿拉伯地區的海上交通『廣州通夷道』，詳述了從廣州港出發，經越南、馬來半島、蘇門答臘半島至印度、錫蘭，直至波斯灣沿岸各國的航綫及沿途地區的方位、名稱、島礁、山川、民俗等。譯經大師義净西行求法，將沿途見聞寫成著作《大唐西域求法高僧傳》，詳細記載了海上絲綢之路的發展變化，是我們瞭解絲綢之路不可多得的第一手資料。

宋代的造船技術和航海技術顯著提高，指南針廣泛應用於航海，中國商船的遠航能力大大提升。北宋徐兢的《宣和奉使高麗圖經》詳細記述了船舶製造、海洋地理和往來航綫，是研究宋代海外交通史、中朝友好關係史、中朝經濟文化交流史的重要文獻。南宋趙汝適《諸蕃志》記載，南海有五十三個國家和地區與南宋通商貿易，形成了通往日本、高麗、東南亞、印度、波斯、阿拉伯等地的『海上絲綢之路』。宋代爲了加强商貿往來，於北宋神宗元豐三年（一〇八〇年）頒佈了中國歷史上第一部海洋貿易管理條例《廣州市舶條法》，并稱爲宋代貿易管理的制度範本。

元朝在經濟上採用重商主義政策，鼓勵海外貿易，中國與歐洲的聯繫與交往非常頻繁，其中馬可·波羅、伊本·白圖泰等歐洲旅行家來到中國，留下了大量的旅行記，記録元代海上絲綢之路的盛况。元代的汪大淵兩次出海，撰寫出《島夷志略》一書，記録了二百多個國名和地名，其中不少首次見於中國著録，涉及的地理範圍東至菲律賓群島，西至非洲。這些都反映了元朝時中西經濟文化交流的豐富内容。

明、清政府先後多次實施海禁政策，海上絲綢之路的貿易逐漸衰落。但是從明永樂三年至明宣德八年的二十八年裏，鄭和率船隊七下西洋，先後到達的國家多達三十多個，在進行經貿交流的同時，也極大地促進了中外文化的交流，這些都詳見於《西洋蕃國志》《星槎勝覽》《瀛涯勝覽》等典籍中。

關於海上絲綢之路的文獻記述，除上述官員、學者、求法或傳教高僧以及旅行者的著作外，自《漢書》之後，歷代正史大都列有《地理志》《四夷傳》《西域傳》《外國傳》《蠻夷傳》《屬國傳》等篇章，加上唐宋以來衆多的典制類文獻、地方史志文獻，集中反映了歷代王朝對於周邊部族、政權以及西方世界的認識，都是關於海上絲綢之路的原始史料性文獻。

海上絲綢之路概念的形成，經歷了一個演變的過程。十九世紀七十年代德國地理學家費迪南・馮・李希霍芬（Ferdinad Von Richthofen，一八三三～一九〇五），在其《中國：親身旅行和研究成果》第三卷中首次把輸出中國絲綢的東西陸路稱爲『絲綢之路』。有『歐洲漢學泰斗』之稱的法國漢學家沙畹（Édouard Chavannes，一八六五～一九一八），在其一九〇三年著作的《西突厥史料》中提出『絲路有海陸兩道』，蘊涵了海上絲綢之路最初提法。迄今發現最早正式提出『海上絲綢之路』一詞的是日本考古學家三杉隆敏，他在一九六七年出版《中國瓷器之旅：探索海上的絲綢之路》中首次使用『海上絲綢之路』一詞；一九七九年三杉隆敏又出版了《海上絲綢之路》一書，其立意和出發點局限在東西方之間的陶瓷貿易與交流史。

二十世紀八十年代以來，在海外交通史研究中，『海上絲綢之路』一詞逐漸成爲中外學術界廣泛接受的概念。根據姚楠等人研究，饒宗頤先生是華人中最早提出『海上絲綢之路』的人，他的《海道之絲路與昆侖舶》正式提出『海上絲路』的稱謂。選堂先生評價海上絲綢之路是外交、貿易和文化交流作用的通道。此後，大陸學者馮蔚然在一九七八年編寫的《航運史話》中，使用『海上絲綢之路』一詞，這是迄今學界查到的中國大陸最早使用『海上絲綢之路』的人，更多地限於航海活動領域的考察。一九八〇年北京大學陳炎教授提出『海上絲綢之路』研究，并於一九八一年發表《略論海上絲綢之路》一文。他對海上絲綢之路的理解超越以往，且帶有濃厚的愛國主義思想。陳炎教授之後，從事研究海上絲綢之路的學者越來越多，尤其沿海港口城市向聯合國申請海上絲綢之路非物質文化遺産活動，將海上絲綢之路研究推向新高潮。另外，國家把建設『絲綢之路經濟帶』和『二十一世紀海上絲綢之路』作爲對外發展方針，將這一學術課題提升爲國家願景的高度，使海上絲綢之路形成超越學術進入政經層面的熱潮。

與海上絲綢之路學的萬千氣象相對應，海上絲綢之路文獻的整理工作仍顯滯後，遠遠跟不上突飛猛進的研究進展。二〇一八年厦門大學、中山大學等單位聯合發起『海上絲綢之路文獻集成』專案，尚在醖釀當中。我們不揣淺陋，深入調查，廣泛搜集，將有關海上絲綢之路的原始史料文獻和研究文獻，分爲風俗物産、雜史筆記、海防海事、典章檔案等六個類別，彙編成《海上絲綢之路歷史文化叢書》，於二〇二〇年影印出版。此輯面市以來，深受各大圖書館及相關研究者好評。爲讓更多的讀者親近古籍文獻，我們遴選出前編中的菁華，彙編成《海上絲綢之路基本文獻叢書》，以單行本影印出版，以饗讀者，以期爲讀者展現出一幅幅中外經濟文化交流的精美畫卷，爲海上絲綢之路的研究提供歷史借鑒，爲『二十一世紀海上絲綢之路』倡議構想的實踐做好歷史的詮釋和注脚，從而達到『以史爲鑒』『古爲今用』的目的。

凡例

一、本編注重史料的珍稀性，從《海上絲綢之路歷史文化叢書》中遴選出菁華，擬出版百册單行本。

二、本編所選之文獻，其編纂的年代下限至一九四九年。

三、本編排序無嚴格定式，所選之文獻篇幅以二百餘頁爲宜，以便讀者閱讀使用。

四、本編所選文獻，每種前皆注明版本、著者。

五、本編文獻皆爲影印，原始文本掃描之後經過修復處理，仍存原式，少數文獻由於原始底本欠佳，略有模糊之處，不影響閱讀使用。

六、本編原始底本非一時一地之出版物，原書裝幀、開本多有不同，本書彙編之後，統一爲十六開右翻本。

目録

印度古今事蹟考略

印度古今事蹟考略

〔英〕貨爾況兑奈司 著　汪治 譯

民國二年上海廣學會排印本

印度古今事蹟考略

印度古今事蹟考略序

吾人生於二十世紀之季、地球之大、萬國交通、非具遠大之眼光、不能照見世界社會之興革、印度情勢、土客種族之互處、地方疆域之遼闊、雖時有滄桑遷變、究未足供輶軒之采納焉、自歐勢東漸、政策一新、民情風俗、頓覺改觀、今昔之情、固有大不同者、論者每謂印度之淪亡、實爲印度之不幸、殊不知印度酋邦雜處、本非土種相傳、重以族類紛爭、自相殘殺、卽稍有智識者、亦未能有自治思想、此則誠爲可惜者也、設非經歐風之薰沐、烏克有此進行之新象、是書於一千九百十一年、爲英人貨爾兌奈司先生所著、先生久宦於印、富有經驗、洞悉印度各地情形、其間如種族爭持、宗教衝突、以及守舊家之迷信神權、激烈派之排外舉動、歷歷如繪、披此書者、恍身歷其境焉、吾國自革命告成而後、國脈大傷、凡百新政、亟待設施、乃黨派紛歧、政見雜出、種種險象、實不亞於當日之印度、吾知是書一出、足爲國民作愛國之鍼砭者、來軫方遒、前車可鑒、是書之有功於社會爲何如哉、余也不文、譯其書恐未纖曲詳其旨、尚希

大雅、以匡不逮爲幸、時在

中華民國元年九月上浣虞山汪治序於海上寓次

印度古今事蹟考略卷一

英國貨爾兌奈司氏著
虞山汪治志剛甫譯稿

第一章 印度之國土

世界列邦。民情風土。隨處不同。非獨印度爲然也。而印度一國爲尤著。

論地土之優劣隨處不同

大凡一國之內。出產之物。足以養欲給求。則其民無所觖望。供不給求。則人民有流離轉徙之苦。不能奠厥攸居。盛世之民。無凍餒之患者。家給人足故也。印度一國。土質各異。富饒之區。可與非洲尼羅河流域 Nile valley 相倫比。瘠土則與撒哈拉沙漠 Sahara 無異。居民之多寡。亦以地土之優劣爲衡。如雷波泰那省 Rajputana 西部之乾撒滿 Jaisalmer 土邦。其地甚瘠。每方英里所產。僅足以養五人。其土地之肥厚者。曰恆河平原。Gangetic Plain 每方英里所產。可以贍五百人而強。此以農田牧地言之也。若夫工業繁盛商務發達之區。則不能與之同日而語矣。

印度人民

居民之才力智識性情。皆視風土氣候而異。風土氣候之不同。則種族有甲乙之殊。

由多數種族積聚而成

種自爲俗。融洽良難。印度全國居民。由多數種族積聚而成。雖聚而雜居。歷數世紀。仍未由泯其種界。然與他國人民較。則印度之各種居民。若自成一種。無所區別於其間也。

印度邊界形勢險峻

間嘗閱各國歷史。知一國之氣候。影響及於居民者甚大。氣候過熱。則居民性質多疲軟。無振作之精神。埃及 Egypt 其明證也。蓋埃及地臨熱道。人民委靡不振。漸失國家思想。數易其主。遂至滅亡。印度久爲列強所窺伺。氣候與埃及相埒。自古迄今。他種人之入主印度者亦屢矣。而印度人微特有保存國粹之能力。且使戰勝者之聲教風俗。不能流行於印土。此則與埃及殊異者也。其所以然之故。良由印度邊界。形勢險峻。外人之以兵相陵者。祗能於一二處濟師。離全國之中心極遠。故他國之來侵犯者。未及腹地。銳氣先失。廢然思返矣。

印度二字之來源

「希瑪拉亞山、Himalaya 以南之大地。與北境隔絕。印度之國在焉。印度二文。爲愛倫 Aryan 之轉音。古時愛倫種人。自中亞細亞 Central Asia 高原之地。漸折而南。領有印度之北部。至大河兩岸而止。所謂大河者。印度斯河 R. Indus 是也。愛倫人既佔大河兩岸之地。因名其地曰新度 Sindhu 新度爲梵文大河流之意。是河爲北印度之命脈。愛倫人領有印度。距今已三四千年。書缺有間。其詳不可得聞。惟愛倫人讚美之詩歌。至今尙存。詩爲梵文。名立帆特 Rig Veda. 『立帆特者愛倫語之第一也。』讀此詩者可以想像愛倫人大類歐洲印度人。其所用之方言。與羅馬文。德文或薛爾脫文相類。彼等初佔印度北部。卽係印度斯河流域。嗣後漸移而東而南。〔試讀彼等後來所著之讚美詩爲證〕逐其土番。納入新度版圖中。因之新度二字之名。漸推漸廣。不僅指印度斯河流域而言。嗣後更佔恆河 R. Ganges 流域。則新度包括印度斯河及恆河二流域而言矣。至於愛倫人之結果。茲不贅論。著者徵引其事者。所以證古代印度爲中亞細亞悍族。愛倫人之領土。而印度之名所由來也。

本佳省亦因河流而得名

印度二字。本河流意。印度斯河流域。及其支河流域。亦以印度名。則土地由河流而得名矣。大陸居民。重視河流。此可槪見。雖然。地土肥美。全恃河流。不刊之論。於印度益信。蓋印度大多數土地。皆因河流而增其値。若無印度斯河。則印度北部平原。幾

希瑪拉亞山爲印度之險障有三利於印度

成不毛之地。而居民因之絕跡矣。然徽特印度因印度斯河而得名。卽印度斯河及恆河間之地。亦因其有五河流而名本佳省。Punjab 本佳者。五河流之意也。尙有一字。來源甚古。於印度史上頗有關係。吾人若言印度全地。則不能不包括希瑪拉亞山脈而言。愛倫人既佔印度北部。亦甚注意此山。『希瑪拉亞』Himalaya 卽梵文雪地之意。愛倫人自中亞細亞而至印度。見其土壤膏腴。全恃河流。而居民畜牧耕種。羣受河流之益。北界之希瑪拉亞山。山頂積雪。高聳雲霄。儼然印度北界之險障。印度北部河流。多發源於此山。故愛倫人視此山如天宮佛地。略謂彼等皆受此山之賜。甚至將信奉之神。於山中築神座焉。山之高處積雪甚多。內有冰洞。卽恆河發源之處。相傳以爲沙佛神 Siva 之亂髮也。〔所謂雪佛神者何。如吾國俗謂閻羅。然掌生死之權〕其外靈異之處甚多。專言希瑪拉亞山事。足見此山之深遠幽渺。不可窺測。愛倫人所永矢弗諼者也。然愛倫人雖不免於迷信。而印度全境。仰賴於是山者。固盡人皆知。近世文明日進。吾人智識亦漸增。知河流爲一國之命脈。匪獨印度爲然也。而印度之河流。大半發源於是山。此山之有益於印度者。一也。山頂積雪。每至初夏始漸融化。融化之水。能使從此山發源之河流。增加水量。河道無涸竭之虞。其利二也。自赤道來之風。內含水氣。過印度而至希瑪拉亞山。風中所含水汽。遇山面之冷氣。卽凝而爲雨。地脈因之滋潤。可見印度有肥美之土壤者。亦受此山之賜。其利三也。有此三利。故歷史家視之如界關。能屏障印度文化。而不使外溢。政治家視之如長城。保守肥沃之印度。不使強鄰有所覬覦。洵如斯言。則希瑪拉亞山之險阻。實爲世界上所絕無而僅有者也。

論季候風及印度雨溼節

季候風亦名信風。其來也。有一定之節候。與一定之方向。季候風 Monsoon 一字。本亞拉伯字。卽節候之意。國之有季候風者。其天氣陰晴寒暖。皆因此風爲準。印度卽有季候風之國也。故印度之天氣。全恃季候風。而季候風之能使印度陰晴。則視印度洋面及印度鄰近地之空氣爲準。約而言之。印度每年中有三四個月爲雨溼天。自三月至六月。爲印度最熱之時。地面上空氣因熱而漲。氣體既稀。自較印度洋面之空氣爲薄。（非洲之氣候類此）洋面之空氣。流至印度。以補其缺。洋面之風。過赤道而至印度。風中多含水氣。故洋面之風。至印度。則印度之雨溼節至矣。印度大部。

論印度之幅員人民及其氣候之互異

自六月中浣。至九月中浣。或九月杪。爲雨溼節。惟印度北部則不然。其雨溼節大半爲每年最後數月。若季候風來時。風力適當則田中收穫必豐。農家每年所跂望者也。若風力太微。或過猛。則收成必歉。饑饉隨之。是故印度年歲之稔熟荒歉。亦視季候風而定。然不特風力之強弱。時有變遷。卽印度各處所受季候風之多寡。亦不相等。倏現倏滅。隨氣候而定。季候風若遇山嶺。觸冷卽降爲雨。若遇平原則無雨。故印度之西北部竟成無雨之地。或爲沙漠。或則全恃希瑪拉亞山積雪融成之河流耳。若印度東部之孟加拉省。Bengal 及阿撒姆省 Assam 爲雨水適均之地。餘則或多或乏。其大較也。

印度全境。自亞洲地圖觀之。爲一不等邊之三角形。其一角南向入於印度洋中。若以印度全地與亞洲大地較。面積狹小。不啻彈丸。若於歐洲全境截去俄境。而將其餘諸國之地合併。尚不及印度之大。印度居民之數。爲世界人類五分之一。幅員之廣。已可概見。然印度係合數小邦而成。非若歐洲各國之情形也。其極南之處。距赤道十度以內。而其最北之處。與立斯本 Lisbon 幾同一緯度。南北二極。相距約二千英里。東西二端。自印度北界量之。相距之數。與南北二極相距者略同。幅員既如是之廣。其間氣候。不無殊異。較之歐洲諸國氣候之相差尤甚。試自英吉利旅行全歐。而至希臘。其所經歷之地。氣候雖有或異。然無印度各處相差之甚者。譬如至印度之瑪來巴 Malabar 海濱。見夫青葱穠鬱。蔚然深秀。風景絕佳。地近熱帶。產物甚富。氣候則終年如盛夏。潮悶尤甚。至本佳省則一望平原。甚有數里不見樹木者。天氣冷熱。皆臻極度。一年之中。強半之時。黃沙蔽野。異常乾燥。暑日則火繖當空。炎威逼迫。一入冬令。天氣嚴寒。竟與立維雷 Riviera 最冷時無異。尤可異者。每至冬季。青草長堤。與行人衣履相掩映。至印度中部。則岡巒起伏。形勢蜿蜒。芳草一色。落英繽紛。亦美麗奪目。天氣冷熱均未至極點。至孟加拉省之南半部。則農田遍野。檳榔、黃楊、棗樹等。觸目皆是。其地終年炎熱。水汽亦因之而多。故孟加拉省。爲全球最潮溼之地。統觀以上各地氣候之不同既如彼。風景物產之互異又如此。此又吾人所不可不知者也。若以希瑪拉亞山之近境。及新特 Sind 沙漠。統計之。其不同當更甚。然則印度全境。似隱然獨成一洲。非一國也。

按立維雷即地中海海岸一帶之地

論印度國際疆界

至若印度疆界。約分二種。甲種爲天然疆界。乙種爲國際疆界。所謂國際疆界者。地圖上有紅線爲記。如英屬印度是也。英屬印度所包者廣。亦有非印度原有之地。如英屬印度之東部緬甸省。自地圖上觀之。則爲中國之一部。蓋緬甸與印度大地之中。有山脈爲之隔絕也。英屬印度極西之處。則伸出印度斯河之外。而阿富汗斯坦 Afghanistan 波斯 Persia 及中國等邊界山地。皆隸屬焉。此國際邊界之一說也。希瑪拉亞山雖爲印度北面之天然疆界。以小地圖觀之。連綿不絕。似止此一山。橫亘其間。而山以南爲印度。山以北則爲別國之界限。若以放大之地圖。詳加考察。卽知希瑪拉亞非祇一脈。確有無數山嶺。遙遙若接。且印度之國際界限。在山坡以外。地圖上之紅線。自東至西。包括希瑪拉亞山地。約有百英里之廣。吾人視地圖見紅線內之希瑪拉亞山地。其色各異。紅色之地。居其多數。爲大不列顚領土。西北之地。其黃色。爲卡司滿 Kashmir 保護邦。治其地者。尙屬印度人。惟一切主權。皆操之英屬印度政府。而邦主事事須受命於英也。中部色靑。爲奈泊爾土邦。Nepal 此則並非保護國。國內之事。主治者獨斷而獨行之。但與英屬印度政府立有條約。其國外交政策。皆受英人節制。可知印度大地受治於英屬印度政府。亦有直接治理間接治理之不同也。

論英屬印度所以推廣邊界之故

英屬印度政府。當時之所以擴張如是者。譬諸富人。擁巨產而居於擾亂之鄉。恐暴客之覬覦。乃將其鄰近之地。據爲己有。築環牆以禦之也。印度大地自英人建設政府以來。逐漸囊括鄰近之地。納諸國際界限中。恆藉口鄰封之侵陵而愼固其封守也。後英人併吞緬甸。而以之爲印度東北之疆界者。或由緬甸王之政策。激之使然耳。蓋王屢侵英屬印度之阿撒姆省。擾亂邊界者。不可勝紀。故英人滅之。旣夷緬甸。內則保守印度。外則抵禦法人。由東京 Touquin 長驅而入印度也。印度斯河圖入國際界線中。其故亦由於是。蓋阿富汗斯坦。鄰近山地。有四五仄徑。可通印度。而外人之襲取印度者。多半由此侵入。是故阿富汗斯坦。爲獨立國時。印度受邊界之患者。垂數百年。往者阿富汗王。又專喜武功。王駐首都哥勃 Kabul 而能號令亞洲盜賊之衆。逞所欲爲。每值侵犯印度。其勢洶然。誠爲印度邊界之大患。故歷代印度英明之主。皆亟亟以擴充西北界線爲事。以爲能守印度斯河以西之諸山。則邊患自息。否則北界有警。印度斯河流域。及本佳省西部危矣。自印度屬英以後。英政府所持政策。亦如前之印度明主之以開放邊界為能事。爰將邊境盡力開拓。而印度斯河以外之山中各地。咸為英有。卽素非印度所有者。盡納諸英屬印度之版圖中矣。然亦有併吞其地而仍以土酋管領。然須受英政府之保護耳。如阿富汗斯坦全境之地。今尚是阿富汗王管轄。首都仍為苛勃。名稱阿富汗斯坦獨立國。實則受英屬印度政府之保護。重大政事須得英政府之許可。方可施行。至對外交涉事件。則在英國勢力範圍之內。不能自主云。

由此觀之。印度之國際界線者。卽英屬印度政府推廣四圍邊界而成。以為禦外之策。故英屬印度。實有數處地土。於地圖上觀之。並非印度也。

論印度斯河及勃拉瑪浦脫拉河

印度之天然邊界。曰海曰陸。其東西之邊界為海。無須贅言。所可異者。則北界陸地邊界耳。希瑪拉亞山不僅一脈。自東邊海岸橫亙至西邊海岸者也。上文已詳言之。印度北界高峰銜接。峯巔積雪。經年不化。希瑪拉亞山乃高原之一。亦卽西藏高原南界之邊也。峰巒綿渺。積雪映日。其山之主峯。較高於高平原約八十英里至一百英里左右。高峯與平原之間。尙有小山脊山谷小河。橫亘其間。山峯積雪界之下。低窪之地。冰雪融化之水聚焉。河流亦從此發源。西流者爲印度斯河。R. Indus 向東流者入印度而名勃拉瑪浦脫拉河。Brahmaputra 要皆發源於印度神學史上所謂至聖之瑪納撒路瓦冰田。Manasarowar 及凱拉司山峯近地。印度斯河經七百英里山地而至阿託克。Attock 卽鄰近駐紮軍隊之貝書華城。Peshawar 勃拉瑪浦脫拉河。經流之山地。較印度斯河所經者尤長。始達印度之阿撒姆省。此低窪之冰田。能使二河由東西流入印度。爲世界上最奇之處。其全段情形。尙未有人探明。世人目力所見者。不過其一部分耳。此低窪地之北。爲西藏高平原。世界上最高之平原也。其高度折衷算之。約高於海平線自一萬五千尺至一萬八千尺。〔以英尺計算〕較之歐洲最高之山峯尤峻。高平原之廣闊。約在三四百英里左右。據地理家考證之言。謂希瑪拉亞山及西藏高平原。所以成者。係地心力使之聳起。而高於其鄰近之地。至於印度斯河。及勃拉瑪浦脫拉河所發源之低凹處。不過地面上一勺之水耳。

論印度斯河西北之形勢

印度斯河自西折流而入印度。勃拉瑪浦脫拉河。則自東折流而入印度。二河之間。爲希瑪拉亞山。此山綿長一千五百英里。而能通中國或西藏之路。不過三四處。蒙古人種。移居印度之希瑪拉亞山谷者。類皆由此三四處移入。至今每逢夏季。蒙古人與土番嘗有貿易衝突之事云。雖然。蒙古人之入印度。不過逐漸移居耳。若兵力取之。則斷不能長驅直入。因其山勢崎嶇。行軍艱難實甚也。印度斯河西北形勢。與此略異。希瑪拉亞山亦至此而止。自希瑪拉亞山盡處。另有山脈起焉。此山脈曲折斷續。忽隱忽現。至波斯灣而止。崗巒起伏。形勢崇峻。雖與希瑪拉亞山頡頏。而險阻則遠不如希瑪拉亞山。因此山脈有連亘。有斷續。不似希瑪拉亞之緜長如一帶也。山脈中有隙地。居民皆強悍有力。山中徑路。可通印度。雖盤旋紆曲。然足容大隊軍馬來往。蓋此山脈實非聯屬印度之高原者。乃從中央亞細亞及波斯迤邐而來。印度人種以印度斯河北岸爲止。若細閱海國圖誌。則此河爲印度西邊疆界。惟以河流爲一國邊界。決非堅守之道。無怪古時外族自印度斯河以西之山中。從而侵入印度也。至今此處。仍爲國界之一弱點云。

論印度東界之弱點

希瑪拉亞山之東極。卽勃拉瑪浦脫拉河。此河曲折而流入印度。其情形與西面疆界相似。希瑪拉亞山與孟加拉灣之角中間。印度與別國交界之處。另有一山嶺。嶺之方向。自北而南。由地圖上觀之。此山似卽希瑪拉亞山之支嶺。而險阻亦與希瑪拉亞山彷彿。實則不然。觀於近世緬甸人侵佔印度之一省。乃由此山侵入。益信此山不如希瑪拉亞山之險阻矣。而今日所稱印度之東孟加拉省。Eastern Bengal 及阿撒姆省之居民。大類蒙古人種。何也。說者謂當時蒙古人種。由緬甸移入印度而家焉。然自緬甸屬英以來。管理印度者。可無慮其東界之弱點矣。

論希瑪拉亞山地

以上皆言印度國界上之天然形勢。至於印度國內之地理。約分三大部。（一）希瑪拉亞山地。（二）印度恆河流域及平原。（三）印度半島本部。

（一）希瑪拉亞山地。上文已詳言之矣。其地峯巒起伏。高入雲霄。而幅員之廣闊。人煙之稠密。較之士威 Switzerland 全國尤甚。其中山谷之大者無數。而卡司滿 Kashmir 山谷為最著。亦最廣闊。凡印度之大河流。若勃拉瑪浦脫拉河。若印度斯河。若恆河。與其他河流。莫不發源於此山。空中之水汽。亦因此山而下降為雨。附近山麓平原之地。土質因之滋潤。服田力穡。乃亦有秋。則受此山之賜云。

論印度半島本部

（二）印度恆河平原。在希瑪拉亞山麓。與印度半島本部之間。惟印度半島之名。知之者鮮。略加詮釋。方能使閱者一目了然。若以亞細亞洲形勢而言。則印度全地實非半島。所謂半島者。專以名印度南部之地較宜。蓋印度南部成一三角形。而二面皆臨海也。試於地圖上自克爾克脫 Calcutta 至卡雷企 Karachi 畫一長線。則線之南爲印度半島本部。線之北爲亞洲陸地之印度。印度半島本部。或名兌肯 Deccan 卽南部之意。與印度恆河平原及希瑪拉亞山地。鼎足而三。（成爲三段）古時

論印度形勢今昔之不同

亞洲與阿非利加洲係一陸地。近日之印度洋。古時亦爲陸地。歷久陸沉。乃有印度洋。其未沈者。卽此印度半島是也。其地之土石。爲世界古物之一。似未經沈沒者。有數處山石上。現有一種黑紋。似古時火山中石汁之遺蹟。然則吾人若在兌肯。卽在世界最古之地。可知地質在人類未生以前。一如近日之狀態也。

（三）印度恆河平原。西至印度斯河。東至恆河。延一千二百英里。其中並無破裂。在希瑪拉亞山未曾聳起以前。此地本爲一海。海之南岸。卽今之印度半島本部。後希

瑪拉亞山突然聳起。此海卽歸烏有。而成爲今之印度恆河平原。灌漑希瑪拉亞山之河流。經流於地之低窪處。沖蕩其泥土。挾之俱下。漸積漸多。今之平原土地卽河流中沙泥漸積而成者也。

印度恆河平原爲河流挾沙土俱下。積聚而成。河流中沙土淤積而成陸地之事。無日無之。西邊之印度斯河。東邊之恆河。二流之泥土。日積月累。聚於河口。故河口陸地。日增無已。河口漸伸漲入海中矣。自亞力山大第一由印度撤兵回國。兵隊在印度斯河登船時。其海岸之情形。今昔又不同矣。本佳省現今形勢。河流甚多。省中五大河所流之方向。及與印度斯河連接之處。時時變遷。古時有一大河。灌漑新特及雷波泰那 Rajputana 沙漠。使之土地富饒。居民茂盛。今則並此河而無之矣。印度神學書以爲以上之變遷。爲地震所致。而地震卽神與神相爭而然。蓋神佛一怒。山川爲之震動云。傑姆那 Jumna 河與恆河相合於今之阿拉罕伯城 Allahabad 相傳以爲二河匯合之處。尙有一河。爲人所不能見者。與此二河匯合。此無形之河。或謂卽古時灌漑新特 Sind 沙漠。而爲屋林品神 Olympian 所叱去。至今絕無存者云。迷信之談。不能徵信於科學大昌之世。變遷之理。自科學家度之。不過滄海桑田。天然之變化而已。

論印度斯坦

印度恆河平原。爲印度大陸最緊要之區。其故甚多。居民約有印度全數人民之半。產物之富。逾於印度全地所產五分之四。以地理論。不過一平原耳。其西半部卽印度斯河之半部。北偏密邇希瑪拉亞山之地。潮濕特甚。餘乃燥土。雨水不多。其北偏潮濕之故。因水汽遇希瑪拉亞山而降爲雨。土地亦藉以滋潤也。其南界山尾。爲印度沙漠。印度斯河平原。爲無草木之地。如河流與漕河所經之地。皆與此略同。地土非不肥美也。因無人力以輔佐之。幾等石田。乃者運河灌溉之能力。竟將不毛之區。一變而爲茂盛之農田矣。北偏近山之處。廣闊不過一百至二百英里。故又名曰地縷。土壤膏腴。人烟稠密。爲歷來外人侵入印度之要道。吾人若自貝書華 Peshawar 沿途經雷華品特 Rawalpindi 蘭藿 Lahore 而至特爾哈。Delhi 何一非外人足跡所經歷耶。既至特爾哈。則傑姆那河在焉。此河爲恆河最西支流。故吾人至此。已入恆河平原之境。河流東行。地亦漸潤。阡陌交通。可稱沃壤。再行而東。地質愈佳。田塍交互。蔚然深秀。溝渠四達。河道亦多。空氣含水汽以俱來。和淑之氣。頗快人意。與沙漠地之乾燥煩悪絕然不同。至此已入印度斯坦界內矣。印度斯坦者。卽回教歷史家所稱印度教人之地也。天竺聖經讚美詩所稱印度文化之中心點是也。亦卽瑪霍帝國 Mughal empire 之腹地由此再行而東漸近印度斯坦 Hindustan 之著名大城。如墨脫拉 Muttra 哈華 Hardwar 愛求哈 Ajudhia 倍奈司 Benares 貝脫南 Patua 及加愛 Gya 等皆印度之聖地也。印度教人之重視以上諸聖城。不亞於回教人之尊敬彌茄 Mecca 或罷兌特 Baghdad 等城。及基督教之重視耶路撒冷 Jerusalem 或羅馬城云。自倍奈司城以下。往東三四百英里。卽印度斯坦之東極。至孟加拉省而至印度斯坦。雨水量平均每年自三十寸至四十寸不等。地形益東。雨水益多。至孟加拉省則每年五六十寸。東孟加拉省。尚不止此數云。空氣悶塞。含水汽甚多。所產皆係熱道之物。極爲繁昌平原之地。麥黍粟蔗諸植物最多。間有農田竹園。並產梹榔芭蕉諸樹。恆河與勃拉瑪浦脫拉河滙合。流出而成一海。全境汊港紛歧。溪流曲折。居民出行。以舟代車。蓋水道卽路也。處此和平溫暖之鄉。生計甚易。耗費亦少。故居民日漸繁殖也。

論阿撒姆省及緬甸省

孟加拉省之北。爲阿撒姆省。雨水含滋。物產豐富。與孟加拉省相似。惟山地紆折。危巒石磴。或起或伏。省之北界。卽希瑪拉亞山脈。鄰近山脈之地。爲印度最野蠻之人種所居。此種相傳已久。民風未開。至今猶泥舊法。省中土地肥美。綠陰深樹。一碧如畫。勃拉瑪浦脫拉河。經流過此。爲產茶最盛之區。與緬甸爲鄰。連山環繞。無路可尋。至今從此省至緬甸。尚未覓得新路云。故自印度至緬甸。由海路爲近。緬甸之陸地。邊界既如此難越。其人種之文化宗教。與印度迥異。故緬甸現雖隸於英屬印度帝國之版圖中。吾人不若以印度支那名之。較爲切當也。緬甸北部。多崇山大川。林木葱鬱。風景絕佳。伊雷華兌 Irrawaddy 河。尤爲游歷者所樂道。此河大半在高山之中。盤旋曲折。順流而下。河口之地。爲一大平原。良田滿目。其土質之肥美。與非洲之尼羅河 Nile 流域相伯仲云。

論印度半島本部與恆河間之

吾人試重游印度斯坦而觀其形勢。自恆河之南。向印度半島本部。地勢漸高。土地亦漸燥。儼然一高平原。惟平原之上。大多數皆石山山谷。故南部居民稀少。不若希

地勢及人民

瑪拉亞山與恆河之間轂擊肩摩。人煙稠密也。且此間居民服式器械。一如古時。全恃地勢險峻。僅得幸存。否則若無地勢爲之間阻。一旦敵人挾其精銳之兵。摧枯拉朽。無噍類矣。蓋居民至今猶以弓矢爲兵器也。然則此間居民之受賜於此險要之山地。豈淺鮮哉。其東爲古太奈泊高原 Chota Nagpur 居民爲生泰族。Santals. 及其他種族。係上古時遺傳至今。所用兵械。亦以弓矢爲主云。西部爲二境。曰中印度境。曰雷波泰那境是也。是二境者大半皆印度土邦之地。中印度爲高原最高之處。由此而南。直至惟因哈山。Vindhya 地漸廣闊而斜平。土質亦肥沃。此處爲古時著名之麥華邦。Malwa 久爲印度文化之區。邦之首都爲合劍因。Ujjain 建築之華麗。爲印度古時詩人所稱道。中印度之西。爲雷波泰那紆迴曲折。皆山石及沙漠地。橫亘至印度大沙漠而止。雷波泰那爲今之雷波族人所居。雷波族人本居於印度斯坦肥美之地。後爲回教兵隊所迫。乃移居於此重崗疊嶺。黃沙滿目之地焉。然終未屈服於回族。其毅力亦足多者。最西之地。則橋泮 Jodhpur 別肯南 Bikanir 及乾撒滿 Jaisalmir 等邦在焉。土質磽确。不利耕作云。

論惟因哈山脈之險峻

惟因哈山脈爲印度半島本部（或言兌肯）北界之界綫。山嶺錯雜。林木森森。斷壓截峽。藉以阻礙進印度半島及高原之路。古時樹木較今尤密。無路可尋。率師入南印度。爲當時極難之事。昔回族既勝。進據印度斯坦。竟未能長驅直入。故南印度之歷史。風俗。邦國。與北部迥然不同。不過有時爲戰勝北部之雄長。暫時管理耳。

論兌肯古時之各小邦

兌肯之地理。與印度北部迥然不同。印度北部之大平原。自印度斯河。連綿至克爾克脫。易爲外人所有。河道交通。土質肥美。居民號繁盛焉。兌肯則不然。全境多山石崎嶇之地。外族不易窺伺。民情強悍。未有教化。聚族而居。以避敵人之內犯。讀其歷史。與其各小邦興替之事。淩亂不可卒讀。而各族中自相爭鬭。兵禍亦永無窮期。有因侵陵土地而爭者。有因抵拒角牙而爭者。紛紛藉藉。不可終日已。

論兌肯之勢形

兌肯或言惟因哈山以南之地。形似不平面之高原。自西而東。成一斜坡。山嶺對峙。東爲東闈。Eastern Ghats 西爲西闈。闈者飛梯之意。西闈瀕海。闈西爲沿海低地。東則內地高原也。此闈矗立於中。如一屏障。綿亘如一長線。與海岸線平行。並無間斷。闈之高度。平均計之。約四千英尺。每逢季候風時。溼雲自印度洋吹來。遇闈而雲中之水汽凝結。故闌西之低原。及闌下之地。每逢季候風。大受淫雨之灌注。闌後之地。則不然。乾燥無雨。因季候風自印度洋吹來。不及吹至闌後。已凝降成雨也。然則闌之留影響於兌肯亦大矣。闌中多荒僻之地。小石嶙峋。高低突兀。行路艱險。居民爲瑪拉太族。Mahratta 歷世皆能抵拒回教兵隊之進攻者也。兌肯之河流皆發源於西闌。順地形之高低。東流而入於孟加拉海灣。東闌山嶺高下不一。高度亦不如西闌。闌之北段與海岸平行。漸至南部則漸退縮。使海岸與闌間之地成一大平原。自西闌發源之河。多流經此處而入海。如高抬發雷河。Godaveri 克書奶河。Kishna 及拷發來河 Cauveri 各流域。受灃河之灌漑而成肥美之稻田。土質之肥。不亞於埃及河口。故南印度文化。皆薈萃於兌肯東南平原之地。其都會之區。至今雖皆毀壞。然猶有古時建築物存者。觀於建築之宏壯。足徵此地爲文化之邦也。兌肯極南之地爲瑪來巴。Malabar 及湯橋。Tanjore 其出產物皆生於熱帶者。土質之肥。物產之盛。亦爲印度不可多得之地云。

若言兌肯今日之行政分域。則試以印度地圖觀之。便曉然焉。吾人見地圖上孟買

土邦及其人民

省。Bombay 及瑪德拉司省 Madras 之間。有二大地。以黃色爲記者。皆印度之土邦也。一名哈德雷比邦。Hyderabad 一名瑪沙邦。Mysore 兌肯極南之處。尚有一小地。亦染黃色。此卽德雷文告 Travancore 及拷清 Cochin 等土邦是也。哈德雷比那撤所轄之地。爲昔瑪霍帝國之南界。那撤卽總督之意。昔時回教人既主印度。以特爾哈爲首都。遣其勳戚駐兌肯而統轄兌肯全境。今之主哈德雷比者。卽其後裔也。瑪沙德雷文告及拷清等地。皆印度古邦。以其現狀觀之。知克書那河〔卽那撤所轄地之南界〕以南之地。爲印度國內歷來眞印度種族所居之地。並無外種人雜處其間。十八世紀之初葉。略有回人居住。云居民大半皆特雷唯亭種。土番所用方言。亦特雷唯亭種 Dravidian 之言。昔愛倫人領有印度。亦未侵入此地。然亦略有愛倫人移居而家者。惟愛倫人之血脈。尚未廣延。故居民種族。仍未混亂。至於南印度之婆羅門人種。Brahman 世傳以爲愛倫人之遺裔。非特雷唯亭種之謂也。

以上皆言印度全境之形勢。於此可見印度二字。所包甚廣。居民之種族亦歧。北部之沙地。居民種族爲愛倫及回教人侵入印度者所淆亂。故居民究爲何種。竟不可考。漸至東南至兌肯爲止。居民爲雯倫人淆亂者漸稀。最南之區。居民仍是原種。方言亦屬印度古言。如此則印度南角爲最古之地。種族並未淆亂無疑矣。

論英屬印度各省分

今試略言印度近日政治上之區分。大概分爲二部。一爲英屬印度。一爲印度土邦是也。印度土邦。當於後章詳論之。土邦之地。大半皆內地而無海岸線者。如此則英屬印度。不問可知爲沿海之地。英國爲海軍最強之國。英屬印度各省。又皆濱海。則其治理印度之權力。因其海軍之優勢而益形穩固。必矣。

英屬印度分爲八大省。二小省。其二小省者。卽俾路支斯坦 Beluchistan 及西北省 North Western Frontier Province. 是也。八大省之中。以瑪德拉司孟買及孟加拉三省爲最古。餘則由三省分支。增以附近之地而成。省之所以分。皆非因種族之異。方言之別。及地理上之異點而然。不過僅爲行政之分域耳。省與省雖不無畛域之分。然未嘗不有統一思想。所謂省界非國界也。

（第一章完）

印度古今事蹟考略　卷一

二十四

印度古今事蹟考略卷二

第二章　印度之歷史

論印度因競爭而始有現今之景象

印度歷史概分三大時代。(一)印度時代。(二)回教徒時代。(三)歐人屬地時代。

讀印度之歷史。自古迄今。恆爲外族領土。率由北方侵入。或據有全境。或宰割一隅。說者謂歷代之更替。生靈必遭塗炭。不知國家非有競爭。不能進化。競爭愈烈。國勢愈強。印度一國。有若蕪穢不治之途。不可無營造建設之功也。是故愈競爭。則愈改良。愈改良則愈進步。此印度之所以有今日也。

略論三大時代之始末年月

印度時代。始於太古之世。約耶穌降生前二千年。大造草昧。記載無徵。至降生前六百年。雯倫人由波斯及中亞細亞平原。漸移至印度北部。勝其土番。取而居焉。是爲印度時代之始。

回教徒時代。約自紀元後一千年爲始。爲回族勢力瀰漫印度之時。迨至十八世紀之中。瑪霍帝國勢力漸微。特爾哈首都失陷。於是瑪霍帝國亡矣。

歐洲人建設屬地時代。始於白雷賽之役。Battle of Plassey 是役也。克拉夫氏 Lord Clive （英人）於一千七百五十七年六月二十三日。以九百歐人及二千印度土兵大敗孟加拉巡撫之兵。而據之。英人在印之勢力。此其發軔也。

（一）印度時代　印度史之原始。始於愛倫人據有印度北部。擇居於印度斯河流域之時。雖然。愛倫人未入之前。印度非無人也。愛倫人移居印度北部。與印度土人相持不下。而戰禍起。故印度時代之歷史。即紀印度土人爲愛倫人征服之歷史也。愛倫人以前之印度。無事實可稽。非若愛倫人之古史。有天竺聖經頌之可稽也。立帆特者。Rig Veda 聖經頌中最古之篇也。吾人細玩頌詩之意。可略知古時愛倫人種之梗概。[1]『當時之愛倫人似已由茹毛飲血時代。而進於農牧時代也。居民合力耕作。畜牧以爲生。隱然有家族之制。家族中之父爲嚴君。稟命而後行。祭祀神之禮。無廟宇亦無偶像。祭時家長尸之。燃祭火以及湩酪粢盛犧牲獻之。祭火前以杉木汁灑之。家長乃籲求壽康熾昌之慶。聚家成族。族有長。權力與王者埒。族有祭司。專司族中獻祭頌禱之事。族長與祭司。皆非世襲之職。亦非貴族專任之職。上古之民。

論愛倫人古史有聖經頌爲證

熙熙皞皞。耕田而食。鑿井而飲。頗有中國唐虞時之景象云』以上所陳羅妹羌荳特氏 Romesh Chunder Dutt 所著印度古世文化史中詳言之』羌荳特氏。雖不免以理想之詞。推測彼時愛倫人之舉動。然試一回憶歐洲諸國古時人種之酋邦政治。如薛爾脫及丢湯立克等族。莫不類此。然則羌荳特氏所論。殆非無所依據者也。

論本佳之民種族不甚混雜

愛倫之族。漸移而東。經本佳五河之地。與印度土人相遇。是爲印度歷史記載之始。印度土人所居之地。漸爲愛倫人所領有。而愛倫人與土人錯雜。其間性質各別。習染不同。後世居民。因之而分族類。然以本佳省而言。近時省中居民。其血統不甚淆亂。似失雷河畔 Sutlej 曾爲愛倫人之疆界。河外之地。以聖經詩證之。則爲黑色人種所領有。蓋愛倫人祭祀之時。祈禱於天以相佑。其戰勝黑色人。可以知其故也。「愛倫詩中有所謂Caste族級者。譯卽梵文顏色之意。可知辨膚色而分種族。自古已然。

論重生族

愛倫人自本佳省略及恆河平原。歷數世紀。乃攻而取之。希瑪拉亞山與惟因哈山之間。非其有也。至若天竺聖經沿革地理中所載恆河與傑姆那河間愛倫人戰勝土人之已事。頗爲迂遠。不經後世藉以記錄印度土人階級者。亦載及此事。愛倫人遷徙之實情。僅能以理想度之也。方愛倫人自本佳漸移而東也。屈服其土著之黑人。妻其婦女。奴其男子。以供驅策。故本佳之東。其人民語言體質俗尚皆因之而變遷。具見於古天竺聖經中及彼時所著之宗教書籍。名婆羅門經典 Brahmanas 者。說頗近是。以彼時祭司所言。人民自愛倫血統而生者曰重生族。族分四種。曰夏脫利亞族。Kshattriya 兵士也。曰婆羅門族 Brahman 祭司也。曰帆沙亞族。Vaisya 農人也。曰蘇特雷族。Sudra 土人與愛倫人所孳生者也。四族中以婆羅門族爲最尊。領祭祀之事。夏脫利亞族及帆沙亞族附焉。蘇特雷族最爲人所輕視。不能預於祭祀。僅爲三族服役而已。

論家族政治漸成爲部屬政治

族制初行於恆河傑姆那河間平原。浸成地方政治。聚家以成族。聚族以成部。族中公產。掌於族長。族中土地範圍之內。亦族長董理之。族長一名雷加。Raja 即部長之意也。每族須以族地所產十分之一。獻諸雷加。族誼聯合至固結也。至蘇特雷族。三族所不齒者也。其族人爲之族服勞役。恃傭直爲生。似與今日北印度之村落政治。無以異也。族自爲治。齟齬之事。時有所聞。後世印度詩人。作爲詩歌以賦其戰爭。

論愛倫文化流行於印度半島本部

論部落政治一躍而爲大邦政治

其篇曰、瑪哈把雷太。Mahabharata 詩中所述皆是準望孤虛之語。荒忽縹緲、文人結習。今日印人寶重是詩。不啻歐人之視脫勞琴城 Trojan 戰事及依蓮詩 Iliad 也。同時尚有一詩。盛稱拉瑪王子 Prince Rama 冒險遊行事。詩名拉瑪顏乃。Ramayana 二詩。爲印度古詩中最足耐人尋味者。今已譯成近世印文。印度農人恆歌之以紓其勞云。

「惟因哈山以南。印度半島本部之地。愛倫文化。輸入最滯。其土人特雷唯亭 Dravidian 種。武力文教。亦有可觀。愛倫人未能遽以武力勝之。遂以宗教習尙潛移默化。漸推漸廣。其來以序。久之爲愛倫人所領有而建邦焉。愛倫之婆羅門教。盛行於其地。教中祭司。最有勢力。今觀之其人民幾不類愛倫遺種。所用方言。亦與愛倫人迥別也。」

耶穌降生前一千年。恆河平原之部落政治。一變而爲邦國政治。其變遷之由。未能詳言。要爲其族類之雄傑者。憑其豪強兼倂之心。行其靈敏沈鷙之術。侵略鄰族之地。以組織大邦。雖然邦國既建。族制亦未全廢。尚仍其習慣以存之耳。耶穌前三百二十六年。亞力山大第一。侵伐印度。其時印度境內之地。大小邦族。錯置其間。大邦之主名保勒 Porus 者。與亞力山大第一。會戰於傑倫 Jhelum 道上。軍容之盛。有如此者。旋爲亞力山大第一所敗。

論瑪加大邦

恆河平原瑪加大者 Magadha 亦爲印度大邦。幅員之廣。兵甲之衆。視保勒又過之。今之貝脫南城 Patna 乃其當時首都也。邦主瑪利亞氏。Chandragupta Mauriya 雄才遠略。國力日強。至後二十五年。〔約在耶穌前三百零一年〕奄有印度。建大帝國。東西兩界。皆濱海。北及阿富汗山以外。至波斯境而止。幅員之大。幾與現今英屬印度相伯仲。全盛之時。聲威所暨。北印度全部及南印度境。靡不來庭。後世國祚不永。歷年一百五十而亡。

論瑪加大邦之阿沙克皇

瑪加大帝國。卽瑪利亞氏所建。一名瑪利亞帝國。自耶穌前三百二十年至一百八十年而亡。瑪利亞之歷史。有頗耐尋味者二事。一則帝僧阿沙克氏 Asoka 之軼事。一則印度帝國之先河阿沙克王。篤信教宗。服膺高德牟播特罕氏 Gautama Buddha 〔卽釋教始祖〕之教。本其教義。通諭人民。勒於石柱。以詔來禩。讀其諭旨。可以知其究竟也。釋教自經阿沙克王提倡之後。遂爲印度國教。垂數世紀。由印度傳至

帝國主義由波斯傳入印度

論中央集權之七綱及帝國主義由波斯傳入印度之明證

錫蘭。浸入中國。阿氏信教力堅而彌篤。英人以是稱阿氏爲印度之阿爾弗雷第一。〔英王之信宗教頗堅者〕誠印度歷史上重要人物也。

瑪利亞帝國。建國於紀元前三世紀。其帝國主義。究不知從何輸入印人之腦筋。何以能組織強大之帝國。當時希臘欽使米加秦氏 Megasthenes 所撰瑪利亞帝國宮廷瑣記略謂帝國主義。由波斯而入印度。米氏嘗居印度有年。瑣記中詳載其宮殿之美麗奇特。軍隊之威武整肅。旁及儀衛典制。其國王出巡。有羽林軍衛護之。羽軍林以女子充之。全國分省而治。省以巡撫主之。董理民事。更簡京僚爲巡察御史。監察各省巡撫之賢否。以時入告國王云。

當時印度之帝制。頗類波斯專制君主之所爲。吾人測度印度之帝國主義。自波斯輸入。亦似持之有故。波斯帝國。本爲東方專制國之先進者。後爲亞力山大所傾覆。其未覆亡以前。君主尊無二上。一國之內。設官分職。而集權於中央。故後世以爲中央集權。爲專制政治之不二法門。所以能行其權之故。蓋有三端。兵權屬於君主。一也。拜爵皆於公朝。二也。黜涉悉取中旨。三也。近世某著作家。嘗論專制中央集權之害。其言曰東方人但知集權中央。有利於己。爲穩固之謀。不知治理全國之權。皆集於首都。一旦首都有警。全國搖動。若首都一失。全國之勢瓦解矣。誠爲確切之論。無如雄傑之主。視國家如私産。利害所不計也。觀於波斯未覆亡以前。亂臣賊子。覬覦帝位者。在在皆是。卒至波斯爲亞力山大所滅。而亞力山大以前。印度西北部。曾爲波斯列皇所吞併。印度人在耶穌前三世紀組織一大帝國。陸軍之權。亦集中央。其帝國主義之發生。從波斯輸入。益無疑義矣。

論瑪利亞帝國傾覆後印度之景象

印度自瑪利亞帝國傾覆後。人民遭兵革之禍者。歷數世紀。中亞細亞各族。皆乘隙進佔印度。如沙靜族 Scythian 則自印度斯河流域侵入。於本佳省之西部建國而居。爲時甚久。耶穌紀元第三世紀中。土耳其克山 Kushan 歷皇據有阿富汗斯坦。從該處進兵。侵犯印度。勢如破竹。戰勝印度北部。至倍奈司而止。土耳其種。秉性靈穎。凡文化較高者之宗教風化。樂於效法。克山歷皇既佔印度北部。即信奉印度之釋教。且於釋教中加入婆羅門教之要綱。將釋教始祖播特罕氏。加於印度神學史中。以爲諸大神之一。其貨幣上鑄皇族之尊號。以希臘文書之。其時希臘之制度文

論猾波太族之強盛

論婆羅門教興而釋教漸衰

物。被於回族。近世印度貝書華地嘗發見古時土耳其雕刻品爲證。雕刻之物。皆古希臘式。有雕樑名甘哈拉者。Gandhara 上刻播特罕氏修道之像。及其生平事蹟。與臨終時之圖。圖中事實。皆印度世代相傳者。而其雕刻之式。確爲希臘古式。是類雕刻之品。近於恆河平原。亦有所獲。可證上古之世。印度曾爲回族權力所屈服矣。四世紀至五世紀。爲印度中古時代。其時恆河平原。有猾波太族 Gupta 者。族中強有力之首領。聯併恆河平原愛倫各族。而組織一大帝國。昔時瑪加大帝國之尊榮。於今復見於印度矣。瑪加大帝國。操印度上半部及以外諸地之權勢者。幾一百五十年之久。中國人求佛教之眞諦者。亦於是時來印。日記中所記者。頗能得當時印度眞象。其人民受庇於寬恕仁愛政府之下。享受和平幸福。休養生息。有刑措之風。居民國內遊歷。曾無禁令。郅治之隆。媲美唐虞矣。惟時美術文學。亦有進步。婆羅門教 Brahmanism 代釋教而大興。婆羅門教者。奉雪佛 Siva 神。毗溼拏 Vishna 諸神。演爲靈魂輪迴之說。教中大旨。以尊敬婆羅門人爲聖一條。最爲注重云。若釋教者流行於印。爲時未久。眞旨遂湮。如尊崇寺觀。愛惜物命。繁文瑣節。易使人厭。是故婆羅門教興。釋教漸替。婆羅門教於崇拜大神。敬信天竺聖經〔昆陀經〕而外。遠述旁搜。將古族人所信怪異恐怖之神。援引而納於教中。以激起人民敬懼之觀念。大空世界。隨處皆神。又襲取古時印度生番之神典。參入其間。自成一種教學。怪誕不經。爲世詬病。而鋪張附會。蠱惑愚人。其力大矣。

論搿波太帝國爲匈奴所覆滅

中古時搿波太族。雖若是強盛。究不能使印度轉禍爲福。蓋政治統一之權。不能持久。日漸分裂也。第五世紀之初。匈奴崛起。爲印度之大患。性極兇悍。家於中亞細亞高原。旋爲飢寒所迫。移向東西二方。全族於是分爲二支。一支西犯歐洲。而阿鐵拉 Attila 邦興焉。一支東南犯印度。搿波太帝國。竟於西歷四百八十年爲匈奴所滅。從茲印度大地。紛紛擾擾。幾成黑暗世界。迨至第七世紀中葉。匈奴在印度之勢浸衰。自相紛爭。衆建而力少。威勢亦減。於是印人乘隙而起。以圖恢復。卒於印度北部。組織一大邦。距今康泮 Cawnpur 城治不遠。乃當日之首都克那傑 Kanauj 舊址也。不數年其國亡。印度北部建設印度帝國之主義。隨之俱亡。自是厥後。印度北部及其南部。雖有梟傑。欲圖恢復。然無一能統一政治。而建永久之邦國者。印度大地。

爭鬭紛亂之象日甚一日。雷波人之割據。可爲一證也。

自犽波太帝國滅亡至回教時代。其間數百年之史記。皆載紛亂之事。而其最著者。則爲雷波族之自相紛爭。彼此割據也。雷波族人勢力所及。不僅以中印度及雷波泰乃省爲區域也。本佳省及恆河平原。皆在其勢力範圍之內。至於雷波族。究於何時自愛倫族中分出。其詳不可知。歷史所載。雷波族人。皆分族而居。全似酋族政治。其族之領土。多寡雖殊。類皆強盛。恆自稱爲古時日月及帝族之後裔。族中強大者。日肆倂吞。以爲擴張之計。故各族戰爭之事。竟無虛日。迨至匈奴突入。擾亂印度。犽波太帝國。竟歸烏有。而印度亂事日熾矣。雷波族之強大者。乃羣起而爲獨立之國。族人性勇善戰。事其主及其族長。皆以至誠。若有外族攻擊。各族之長。聯合其族人戮力抵禦。敵國既去。則各分門戶也如故。性又猜忌。視人如土芥。故欲使雷波各族。久合而成一大族。誠非易事。後來毛司倫人〔卽回教徒〕侵入印度。印度各族皆烏合之衆。彼此猜忌。不能成軍。使印度陷於回教徒之手者。豈非自相紛爭。鬩牆而不禦侮之害哉。

論印度之外患

(二)回教徒時代　自中亞細亞之游牧之族。隸回教後。印度之危象益見。蓋回教中人。自謂凡信奉回教者。皆上帝之腹心。教中人咸相待若手足。以滅盡異教。(或言指信奉偶像者)搜括其資財地土。併入回教爲宗旨。且欲使其教風行全球而後已。中亞細亞游牧之族。類皆好勇鬭狠。故回教之宗旨。與其性情翕合。既入教受宗教之感動力。其團體益堅。故猜忌之印人。遇之輒披靡。回教人數雖寡。然皆奮勇爭先。願徇其教。且印度者。久爲各外族所覬覦者也。其富源素爲高原之游牧之族所垂涎。自古侵犯印度之輩。無一不思染指。故攻戰不遺餘力。每遇印度邊界險隘之處。有隙可乘。乘機侵入。而爲印度大患。侵略相尋。未有寧歲。甲族據有印度。乙族又從而奪之。凡五百年而後定。此五百年中。(約自西歷一千年至一千五百餘年)外族之侵犯印度。殆無虛日。若土耳其人也。若阿富汗人也。若蒙古人也。紛紛擾擾。以圖印度。率皆兇悍殘忍。好勇善戰。印人罹鋒鏑之慘。非楮墨所能磬殫者矣。迨至一千五百二十六年。瑪霍帝國興。其亂始平。Mughal empire 瑪霍帝國開創之主。爲土耳其人倍巴氏。Babar 後世繼位者皆英明沈毅之主。故印度自瑪霍帝國成立

論亞拉伯人韃靼人土耳其人相繼擾亂印土

後。無邊境之患者。垂二百年。

然印度隸屬於回教人。非一朝一夕之故也。初侵印度者爲亞拉伯人。當西歷八世紀時。侵佔印度之新特沙漠。Sind 及默爾登 Multan 等處。稱雄長焉。其號令尚未及遠也。至西歷十世紀以後。韃靼人 Tartar 亦入回教範圍中。君斯坦丁 Constantinople 建設完備。乃銳意東征。各整其旅。以伐印度。而土耳其人尤銳厲無匹。土耳其軍官某先於阿富汗山山中甘士你 Ghazni 之地。組織一小邦。以爲根據地。其子名瑪默 Mahmud 者。率兵入印。略印度平原之地。所下城市。殺戮無算。偶像亦銷毀焉。瑪默之意。以爲必如是。乃見虔信回教之誠意。然而印民塗炭矣。瑪默在印。得地雖多。不欲居之。每年必回本邦。載其戰利品以去。故甘士你之富。竟爲東方首屈一指者。其時本佳省亦隸之。後乃滅於過邦 Glior 過邦之主。亦回教中之熱心者。性質與瑪默相似。專以推重回教爲事。毀壞偶像。不遺餘力。亦不喜居印。惟實行籍設異教貲財。併入回教之宗旨。故屢至印度。大掠而歸。如是者幾三十年。〔西歷一千一百七十五年至一千二百零六年〕軍威所及。至孟加拉省而止。雖以雷波族人之勇。亦被摧殘。後於印度回國時。道經印度斯河。而被刺焉。其所略印度之地。以其部下勇帥領之。勇帥者曾爲土耳其奴隸。歷著勳勞。洊擢權要者也。尋自稱帝於特爾哈。後世謂之奴隸皇族。因其開創之主。曾爲奴隸故也。

論回教人與印度人相處之情形

回教徒建國於印度也。一千二百零六年始領有印度北部之地。以特爾哈城爲首都。嗣後繼位者類皆精幹絕倫。侵略附近之地。故國勢漸張。迨至奴隸皇族之勢浸衰。外族遂紛起而爭。若土耳其人阿富汗人蒙古人等。相繼堀起。爭權奪地。謀殺之事。日出不窮。或以武力或以智謀而特爾哈寶座。如奕棋矣。歷年三百。而主印度者。已五易其姓。凡三十四王。其間亦有於印度北部成一獨立之國者。有於南倍大Narbada之南組織小邦者。惟雷波人則不然。自印度斯坦中央平原。退至山中及沙漠之鄉。據險而敵回兵。誓不屈服於回教勢力之下。亦可云崛強矣。彼時回教勢力雖極強盛。印度教屢被摧殘。究未泯滅。薪盡火傳。綿綿不絕。其後印度教人人數日增。智識亦日進。回教人祗知從事戰爭。稼穡之事。皆非所習。日用所需。皆仰給於印人。然回人爲刀俎。印人爲魚肉。其初恒扞格不相入。久乃漸洽。回人以印人之有益於己也。相待亦漸入於和平。乃有娶印婦爲妻者。是故在印度之回教人。種類混雜。竟不成爲純正之阿富汗種或土耳其種矣。印度之風俗人情濡染漸深。所不變者。宗教仍信謨罕默德不稍改異耳。前章所謂異種入主印度。印人能感化之而使之服從印土之風俗云云。此卽一明證也。迨至十六世紀末年。據特爾哈寶座之回族。勢力浸衰。回族小邦。亦微弱不振。於是印度之戰禍又起矣。有倍巴氏 Babar 者。竭力經營。併吞各小邦之地。率能組織一大帝國。卽瑪霍帝國是也。

論瑪霍帝國始創者倍巴氏

倍巴氏或名之曰瑪霍。瑪霍卽蒙古之意。實則不然。倍巴氏固土耳其人也。爲泰茂皇族 Timur 後裔。初據苛勃 Kabul。乃以苛勃爲根據地。於西歷一千五百二十六年。率兵伐印。大敗特爾哈主之兵。繼又敗霤波族聯合軍。盡得北印度之地。而稱帝焉。吾人觀其言行錄。可略知其爲人。言行錄中有一節云。印度斯坦。豈桃源境哉。不過一富饒之地耳。其城鎮鄉市無一不簡陋可鄙。而印度人亦皆醜陋不揚。印度斯坦最佳處。祗在產金銀等寶物耳。其說如是。所以倍巴氏在印。專事搜括金銀。迨其卒時。乃以所積珍物運入苛勃根據地。倍巴氏崩於亞格拉 Agra 之花宮。時一千五百三十年也。

論瑪霍帝國歷皇

倍巴氏所建之瑪霍帝國。政體純與亞洲之專制政體相仿。政府之權。操之一人。且不負責任。倍巴氏之衆。來自苛勃山以北之阿助平原。Oxus 皆有北方強悍之風。蓋以亞細亞著名之戰族爲之翼。其體魄之強壯。堅忍耐苦之性質。竟與古時歐洲之腦門人 Normans 及腦司門人 Norsemen 相埒。盛傳倍巴氏率兵進攻特爾哈城。所經河道。皆躬率軍士。泅水而渡。究其所以能如是輕銳敏捷耐勞而不疲乏者。以其在苛勃時。風雪中所經練而得。習以爲常也。既至印度。天時既與苛勃不同。而宮廷之壯麗。物產之豐美。侍奉之奢侈。皆非在苛勃時之樸陋可比。不特倍巴氏處之泰然。卽繼倍巴氏而卽帝位者。傳至六世。仍能持守不變。不因地位之優隆。而失其強悍之體魄。不因宮廷之逸樂。而錮其進行之精神。彼等所定刑律。及盛怒時之狀態。大似韃靼人。而文化則較韃靼人種爲高。波斯文學史載之綦詳。一觀亞格拉及特爾哈所造宮殿之美麗。可以知其美術之志趣矣。歷世相承。惟亞倫敍皇 Aurangzeb 深於宗教之信仰。其餘則不然。未嘗偏於一教也。有愛克巴 Akbar 皇者。曾竭力提倡一普通宗教。而思自立爲祭司長。以便世界各族信奉。然奢願莫能償矣。人民有信教自由之權利。照章納稅。惟所欲從而已。故瑪霍帝國中之宗教。係混合派。強半出於印度教。弱半出於〔回教〕故國中得以安閒無事。干戈以是稍戢。其間愛克巴皇在位時。意欲融和種族間之猜忌。乃娶一雷波族之公主爲妻。又任雷波人之有才能者。爲高官。愛克巴之後人。入繼大寶者。皆承愛氏遺志。無敢或違。傳至亞倫敘皇。一背先人遺訓。而情形爲之大變矣。亞倫敘皇之母。係波斯人。故亞皇爲波斯及半雷波之混合種。信奉回教極堅。遂使先皇寬大之政。一變而爲極嚴酷極兇暴之回教政體。亞皇爲人性敏幹。體魄亦強壯。惜其不軌於正。專爲無益之舉動。以驅除印度教爲宗旨。雷波人自愛克巴皇以來。佔政治上之權力日漸鞏固。行見雷波人兵權在握。爲皇室之保障。而亞倫敘皇反疏遠之。又激怒印度南部之瑪拉太人。Mahratta 瑪拉太人以種族間之怨隙。崛起而聯合同種。幾成一國。亞倫敘皇以政見乖方。卒使雄大之瑪霍帝國。猝然傾覆。而人民罹傾覆時之慘劇。尤爲印度歷史上所絕無僅有者。嗚呼。

瑪霍帝國自倍巴氏創設以來。傳至亞皇終年。〔西歷一千七百零七年〕歷時一百八十年之久。其間帝王皆異種人。〔非印人〕雖然雷波人之掌陸軍。及文告理財諸職者。頗不乏人。而統轄國柄之大權。則固在回教人掌握也。全國分省而治。每處鎮以重兵。軍長領之。以治其地。軍隊以回教徒充其額。回教之勢力因之澎漲。而回教人民之數。亦大增加。及至近日。印度人民之所以分爲二大派者。職是之故。或因宗教之異同而分族派者。或因政治上之因革而分黨派者。大率皆因國際上之不同而然歟。

論印度人民所以分黨派之故

瑪霍帝國之亡。亡於瑪拉太人也。瑪拉太人。氣質惰窳。性情浮躁。亦印度各族中之一族也。世居兌肯高原。及西閘之間。亞倫敘皇在位時。窮兵於兌肯各小邦。〔亦回教人〕兵連禍結。需時甚久。瑪拉太人卽乘隙而起。其初不過成羣結隊。四出搶掠而已。嗣後勢力大增。大敗瑪霍帝國之軍隊。蹂躪其地。斷其糧道。禁其出路。所至之處。勒索供獻。至亞倫敘皇崩。瑪霍帝國分崩離析。不復成爲一大帝國矣。際此擾攘多事之秋。各族中最佔勢力者。惟瑪拉太族。雖然。亦不過數年之強盛耳。瑪拉太人

論瑪霍帝國覆亡時印度之亂事

聽信婆羅門人之計謀。〔婆羅門人卽印度之大祭司族〕自相殘害謀弑首領之事。時有所聞。各有飛揚跋扈之志。夢想組織一大帝國於印土。至是婆羅門人。得以世襲爲批書華云。紛紛藉藉。不可終日。彼此意見相持。竟置要務於不問。此要務維何。曰外患是也。當瑪霍帝國分裂後。邊防不修。卽有波斯兵隊。乘勢侵入。屠戮本佳省居民殆盡。大掠特爾哈城而去。又有阿富汗人。自苛勃順流而下。勢如破竹。奪據首都。〔卽特爾哈城〕瑪拉太各族。正謀自立帝國。彼此爭執之際。竟爲阿富汗人捷足先登。委而去之。則戀戀不捨。若與阿富汗戰。又不敢輕率從事。乃據本義伯平原。Pannipat 深溝高壘。固守不進。迨夫後路斷絕。糧草告罄。不得已出而與阿富汗人會戰。時一千七百六十一年也。是役也。瑪拉太人敗走。所失甚鉅。而自立帝國之思想。從此消於無何有之鄉。乃退歸兌肯本地。數年後。瑪拉太人死灰復燃。率衆再往印度北部。時則別有強族代興。收拾瑪霍帝國之殘局矣。

論英人勢力伸張之緣由

（三）歐洲人在印建設屬地時代。　英人在印之勢力。於一千六百年發生於東印度公司 East India Company. 者也。東印度公司初時建設於倫敦。不過一營業性質之商鋪而已。公司辦事者。皆賈人子。專與東印地人貿易。East Indies 漸設分部於內地。乃商請瑪霍帝國。俾得設立分公司於印度沿海諸要津。瑪霍主允之。其時葡萄牙人荷蘭人法蘭西人。亦在印度行商。與英人各不相下。彼此爭勝。傾軋不已。歷無數年月。英人方能戰勝葡人荷蘭人與法人。於是商業性質之東印度公司。一躍而握政治上之實權矣。然則英人曷克臻此。厥故有二（一）英人與法國及各國戰。英人佔海軍之優勢。（二）瑪霍帝國末葉。政令廢敗。印度各處萑苻遍地。英人乘此機會。既佔海軍之優勢。爰將東印度公司竭力開拓商業。與法人相持於瑪德拉司。歷半世紀。〔十八世紀之上半〕戰勝法人。而法人海上之霸權遂失。自法至印之道路亦絕。此英人之所以能稱霸於印也。瑪霍帝國政令既不能行。地方不靖。英人乃借保護東印度公司爲名。得以要求在印自由練兵之權。於是於公司所在地。駐紮軍隊。藉以彈壓暴動。且募印度土人爲兵。以厚其力。西歷一千七百五十六年。孟加拉巡撫某。猝然下令將東印度公司逐出克爾克脫之外。且拘歐人男婦一百三十二名。監禁於暗室中。因之氣絕而亡。英人大憤。與孟加拉巡撫戰於白雷賽。大敗之。英人乃擇一土人。使之爲孟加拉巡撫。一切要務。咸聽命於公司。英人進取之事業。實發軔於此。至一千七百六十四年。英人與五德省巡撫衝突。五德省之巡撫亦瑪霍帝國叛臣之一也。英人大敗之於婆克沙 Buxar 瑪霍主至是反求公司保護。而以肥美廣大之孟加拉省。給與公司治理。以爲酬報。東印度公司之握政治實權。於此益彰矣。

英廷改變印政府之政策

自白雷賽之役。迄印度謀變之時。其間約有百年。初五十年中。爲東印度公司勢力澎漲時代。亦爲英人得印度政治實權之萌芽時代。公司中人與印人等。幾經戰爭。卒成爲印度之霸主。商業性質之公司。乃變成一新政府矣。初時印度之政事由公司執行。不過將公司治印之計畫。迭次報告於英議院耳。嗣後印度政事。改歸英皇間接管轄。公司中人。雖仍執行印度政事。而負一切責任。然其權限。則由英議院嚴爲限制。英議院又訂定條例。以資遵守。一千七百八十四年。英相彼特 Pitt 所訂之條例。係雙方政府。駐印總督。及其議事會。皆由公司選舉。惟總督執行之事。須遵英政府之命令。總督若有差池。英政府得以撤換。令公司重舉。總督在印發行各事。由總督負責云至是總督之權勢益張。設有人控告總督行爲乖謬。英政府勢必調查。須俟調查確實。方可將總督撤任。而有勢力之政黨無不曲護總督。此雙方政府新訂條例與舊例之異同點也。克拉夫氏 Lord Clive 華崙海司丁氏 Warren Hastings 新訂條例未頒以前之印度總督也。議院詰責頻繁。不安其位。至新例頒行後。蕙萊司利氏 Marquis of Wellesley 爲印度總督。較海司丁氏尤酷。然未有與之激烈反對者。新例之有利於總督可概見矣。

論英人之翦滅瑪沙邦

自白雷賽之役。亂事日熾。搶掠大起。故東印度公司。頗費苦心。日夜防堵。瑪霍末葉。諸鎮謀叛。各處不逞之徒。又從而附和之。有擁兵欲圖自立者。有志在刼掠而圖享日後之温飽者。兵隊如林。類皆以搶掠爲營生。以身命爲孤注。其中以瑪拉太人爲最盛。公司中人乃運其靈敏之口舌。游說別族。以連橫之術。使之合力攻擊瑪拉太人。連次戰爭。勢不並立。瑪拉太人亦知代家成國。敗則破家亡身。因之盡力抵禦。瑪拉太首領中。以新地亞氏 Scindia 爲最有權力。新氏聘法將爲顧問。練兵選將之事。一以任之。不數年新氏之兵。橫行於北印度者。約四萬人。此輩受法將之訓練。故紀律嚴明。軍械精利。其時印度南部瑪沙 Mysore 邦之主、回人鐵布沙敦氏。Tipu Sultan 麾下精兵極多。亦請法人訓練。時一千七百九十八年。印度之大概情形也。彼時爲印度總督者。卽蕙萊司利侯爵。歐洲風雲。忽然變色。拿破崙之雄威。各國震動。而英人在歐之勢正危急。存亡在呼吸之間。何暇顧問及遠東之謀。英政府乃以全權授蕙萊司利氏。命彼便宜行事。蕙氏殫精竭慮。不五年而大功告成。不但鐵布氏爲其翦滅。瑪拉太人亦屢爲所敗。勢力衰微。蕙氏得地甚多。又與印度著名各土邦訂約歸英人節制。此等土邦本彼此不相聯屬。恐爲強大者所呑倂。故甚願與英人訂約。受英人保護。且各以其軍政歸公司節制。於是各邦政事咸束縛受命於英人勢力範圍之內。至此東印度公司又爲在印最強之時代。此一千八百零五年也。

論英人翦滅在布南之婆羅門皇族及征服薛克族

英人在印以一營業公司。而亡全印。伊古以來。未嘗有也。改良之蹟。亦有可紀者。夫英人之所以欲圖改革者。蓋欲使印人咸知英人之政令。斷非古時異種人治印之法所可頡頏者。於是爲印人定禮制。頒法律。凡在公司勢力範圍中者。公司每發號令。務使人民服從。而以武力爲後盾。迨至一千八百十七年。瑪拉太族故智復萌。揭竿而起。英人以其屢次爲患。因之用兵愈力。戰事愈酷。在布南 Poona 之婆羅門皇族。爲英所滅。其地亦歸入英國版圖中。其餘瑪拉太各首領。皆爲英人嚴行監視。而奄奄待盡之雷波泰那各古邦。至是亦歸英人直接管轄。得以幸存。一千八百四十五年。北印度之土人。起而與英人爲難。乃卜居本佳省之薛克 Sikh 族也。爲東方著名之政治團體。篤信宗教。犧牲其生命而不之惜。初時薛克人信奉印度教之改良教。後世竟貿然棄之如遺。而印度教幾爲瑪霍主亞倫敘所滅。其後又爲阿富汗人所摧殘。迨薛克之上將墨哈雷加冷傑新氏 Maharaja Ranjit Singh 被舉爲薛克族首領。墨氏即率衆除滅回教暴主。逐阿富汗人於本佳省之外。自立於本佳省。成爲武裝平和之邦。墨氏與公司聯盟。守約甚堅。終墨氏之世。薛克人與東印度公司。從無齟齬之事。至一千八百三十九年。墨氏薨。所訂盟約。即有搖動之象。而兵隊中又互爭爲長。以繼墨氏之位。位既定。薛克新首領。率衆背盟。與英人啟釁。於一千八百四十五年及一千八百四十八年。與英人大戰二次。卒爲英人所滅。兵卒之歸附者。皆棄甲歸農焉。於是薛克人復歸英人節制。此事爲近世印度史上所僅見者也。

薛克人勢力既渙散。印度可以大定矣。處於台爾好西勳爵 Lord Dalhousie 敏捷政策之下。民安其業。以外象觀之。似有進步。實則內訌未息。軍隊時思暴動。卒釀成謀叛之舉。其原因雖藉口於英人政策之猛力進行。且以歐西新法改革印度風俗。故印度軍隊心懷不安。乃有此舉。實則並非謀叛也。勞倫司勳爵 Lord Lawrence 之言曰。『此次暴動。實文明之基督教徒。與野蠻之拜偶像者相爭耳。謀叛云何哉。』論者謂印度軍隊。屢立戰功。英人獎勵備至。故自視甚高。驕悍殊甚。況軍隊之人數。較多於其時在印之歐兵五倍。遂致有尾大不掉之勢。其時適英人以新式來福鎗授軍隊。於是謠傳蜂起。咸謂來福鎗以豬油引火而射者。一唱百和。軍隊中多有信奉回教者。以爲英人之辱己也。〔回人忌豬肉豬油〕羣起而攻英官長等。於是暗殺明搶之事日起。而謀叛事發現矣。

論暴動之結局

愛爾弗來勞屋爾 Alfred Lyall 氏之言曰。一千八百五十七年之暴動。爲久靜思動之一徵。而其結局。反成爲政治上之革命。蓋初時各處響應。國基搖搖欲墜。嗣後掃清全境。而革新之政治。實奠基於此也。一千八百五十八年。東印度公司移歸英皇直接管轄。其時適英女皇維多利亞在位。其所降與印度皇族及平民之諭旨中。有謂『英國在印之管轄權。已由大東印度公司移朕直接管理。』論者謂此層移歸英皇管理。爲勢所必然之理。而東印度公司司力密爾氏。John Stuart Mill 以爲不然。印度屬地歸英皇管轄後。必至治理乖方。非若前此雙方政府之便利。且言印度若歸英皇管理。一二三闒茸之政治家。爭此管理之權。印度大勢必至不可收拾云云。幸而其言不中也。印度自歸英皇管理以來。所著成蹟。較公司管理時爲優勝。蓋雙方政府。雖稱便利。然責任所歸。究不免有彼此推諉之弊。統一以來。由英皇直接管理。此弊遂蠲。諭旨中又謂『印度政府統一後。將愈形鞏固。百度維新。期臻於完美之境。』此語爲後五十年即一千九百零八年英皇愛德華所賜印度皇族及平民諭旨中所引用。其言曰『國步維艱。進境似滯。然朕悉心審度。五十年來。吾英在印之政事。爾三百兆人民。雖以無數黨派日進無有息時。殊堪嘉尚。惟冀合力進行。咸歸於治。』(此諭於一千八百五十八年所頒) 煌煌誥語。竟舉印度土地人民風俗政治之大。而爲久安長治之基。彼印人亦樂就範圍。則此一諭也。直不啻爲保邦之鐵券矣。至於行能副言與否。當於後章詳論之。

（第二章完）

印度古今事蹟考略　卷二

印度古今事蹟考略卷三

第三章　印度之人民

近世大政治家咸謂今日各國人民之特彩。在人人具有國家思想。並謂近世史記有二大現象。卽國家思想之發展與夫個人自由之伸張是也。信如斯言。則印度人民不得謂爲今世界之人民也。蓋以印度土地之大。人民之多。並無國家觀念。而且種類繁雜。宗教殊異。風俗迥別。故印度人民實爲最古時之模型云」

論印度人民大概皆信奉印度教或回教者

其所以殊異之故。前章已略言之矣。蓋上古之世。卽有異族自北方遷入印度。或侵佔印度。距今七世紀前。回教人勢力澎漲於印度北部。推翻印度政治。摧殘印度宗教。而建樹回教於崇拜佛教之場。自是以來。印度有二教流行於國。如單元論〔信一神〕之回教。〔卽穆罕默德〕複元論〔信多神〕之印度教。二教各行其道。從不混合。而回教徒自命爲戰勝者之後裔。應有治理權。印度土人雖爲人戰勝。而仍守其根深蒂固之性質。絕無變化。是故印度全國各處皆有此二種人混跡其間。而不通款曲云

印度人民之分族

雖然。印度人民之無國家思想。由於異種之雜居。宗教之互爭也。而歐洲各國莫不有異種錯雜其間。然皆融合而成一致。薛爾德 Celt 人也〔即愛倫種〕丹麥 Dane 人也。腦門人 Norman 也。腦司門 Norseman 人也。撒克森 Saxon 人也。在英國莫不彼此融洽。所未能融洽者。不過在蕙而司 Wales 一處耳。印度各種。雖亦間有融合者。然在古時種族之間。究無目前融合之易。推原其故。以宗教上及種族上為最。後當續論之。上古時。印度宗教中有名婆羅門 Brahmanism 教者。最佔勢力。其時愛倫人 Aryans 之在印者。見印度土人皮色淡黑。與己異。於是因皮色之不同。而分類焉。以愛倫人之婆羅門族為祭司。而印度土人反殿諸族之後。為之服役焉。各種之事業。純為世襲。不能易換。且禁此種與他種聯姻。種族於是分焉。主動之力流傳至今。使印度居民分為無數種族。而種族之間。不相混合。如甲種不能聯姻於乙種是也。推原其故。習慣使然耳。或謂歐洲著名各種。初皆各小酋邦。漸融而成大族。一國所含各種。融合而成一同種之民。皆有愛其同種思想。印度則不然。雖經融合。然究未能歸於一致。至今印度各種。由表面觀之。已可知其互異之點矣。設如有人在印坐火車遊行。每經一站、則見此站之民。必與彼站異。若遊行愈久、則人民異點愈多。髮又異色也。首部之大小也。顏色之互異也。舉動言語之各別也。無一不足爲殊異之鐵證。而其最足使人注意者、一爲婆羅門人〔卽信婆羅門教之祭司〕其容貌體格。儼如歐洲人、一爲印度之平民。面色黧黑。體格肥短、相異不啻天壤也。

印度居民種類。既若是之龐雜。分類而論之。殊非易事。經近世大地理家悉心研究。概分之爲七大類。

（一）論印度愛倫種

（一）印度愛倫種。凡居於本住 Punjab 省及雷波泰那 Rajpatana 省卡司滿 Kash-mir 省者。大半皆隸焉。純粹雷波 Rajput 人。一名薛克 Sikh 人。皆爲印度愛倫種。此種人古時居於愛倫人在印之屬地。爲多。身長而細。四肢散漫。頭長軀幹相稱。鼻凸而長。皮色淡棕而有光。

（二）論特雷唯亭種

（二）特雷唯亭 Dravidian 種。與印度愛倫種。適成一反比例。特雷唯亭本爲印度南部方言之名。其後凡用此等方言之人。亦謂之特雷唯亭人。其中雖分數種。要皆相同。均散居印度中部。及其南部。未與他種混合者。惟古太奈油 Chota Nagpur 高

(三)蒙古種

(四)愛倫特雷唯亭種

原及惟因哈 Vindhya 山中之半開化酋族是也。體短而黑。髮黑長而鬈。鼻濶而低。性質堅忍耐苦。故於種植茶葉最宜。漢勃立司來 Sir Herbert Risley 勳爵所著之印度人種考一書。久已膾炙人口。其論特雷唯亭人之言曰。特雷唯亭原種。氣質強壯。秉之於天。爲人傭作。恆博主人歡。以其能耐苦操作也。或在阿撒姆 Assam 樹茶。或在孟加拉東部潮濕之地藝穀。或在克爾克脫 Calcutta 司除道之役。見其體幹之黑。鼻之低濶。如黑人一般。一望而知爲特雷唯亭種云。

(三)蒙古種。此種卜居於印度與西藏及緬甸交界之處。其面貌大類中國人。軀幹甚小。頭部濶。眼小而略帶斜式。面平。皮色稍黑而帶黃。

以上三種。爲印度人中之最大部份。其餘四種。或爲此三種混合而成者。或爲與他種混合而成者。

(四)愛倫特雷唯亭種。乃印度愛倫種。及特雷唯亭種混合而成。印度愛倫人品望甚高。而特雷唯亭人。則格較低。在本佳省之印度愛倫人。係未與特雷唯亭種相混者。印度之南部及中部人民。則爲特雷唯亭原種。而在本佳省之東。卽恆河平原。則爲以上二種所混合者所謂愛倫特雷唯亭種是也。凡種類之階級愈低愈與黑色禿頭之特雷唯亭人相類。

（五）蒙古特雷唯亭種

（五）蒙古特雷唯亭種。乃蒙古種。與特雷唯亭種混合而成者也。孟加拉及阿撒姆之居民皆隸焉。是處居民與愛倫混合者甚少。觀於孟加拉人之廣額黑色。可以知其來源矣。上古之世。蒙古人自西藏高原及中國移居而至該處。可斷然無疑。後與該處土人混合而成此種焉。

（六）韃靼特雷唯亭種

（六）韃靼特雷唯亭種。兌肯之瑪拉太人卽屬此種。古時韃靼人自中亞細亞高原。移入印度。而與特雷唯亭 Dravidian 混合而成者也。古時愛倫人佔據本佳省。屢有韃靼人侵犯印度。而止於印度斯河流域。或言自此移入兌肯。而雜居於兌肯之特雷唯亭人之間。果爾則瑪拉太人之來源。多年不決之疑案。不難解決矣。

（七）土耳其波斯種

（七）土耳其波斯種。卜居於印度斯河邊界之地。卽今勃羅 Beloch 人。及阿富汗酋邦所居者也。古時阿富汗人。或疑爲以色利人（猶太人）遺裔。因其面貌相似也。實則爲波斯高原之愛雷泥 Iranian 人。與土耳其人相混合之種。軀幹高大。鼻長貌似愛雷泥人所屬之印度歐洲種。其類之廣。則如土耳其人云。

以上印度人民概分之七大種也。據此派別而討其來源。足補史記之不足。然以上所論。未免太簡。蓋七大種之外。尚有別種在焉。如印度南部大半之貧民中。多含有婆羅門人原質。婆羅門人卽愛倫種。然而印度南部。未曾爲愛倫人所戰勝。愛倫原質何由而至此。蓋由於愛倫人之移居其地。而於該處人民中。獨成一種也。故該處人民。有白色者。有黑色者云。在本住省之人民亦然。雖然該處大半皆愛倫人。餘則或爲阿富汗人。或爲波斯人。此二種人。爲昔時瑪霍帝國盛時所招新兵之遺裔無疑。而印度斯坦。卽今所稱亞格拉五德聯邦者。其居民之族類。與本住同。其中人民之爲瑪霍始祖倍巴 Babar 氏之後裔者。實居多數。在羅希肯 Rohilkand 之地。較英國一省略大。其大部份之人民。皆爲阿富汗之羅希拉 Rohilla 族。彼等於十八世紀。乘亂混入此處而居焉。至今猶蕃殖云。

論特雷唯
亭原稀利

雷波人乃居印度之愛倫人原種。謂之雷波人者。非住居雷波泰那 Rajputana 省之謂。以曾爲其省之地主。及管理者耳。雷波人擁有地產。不事耕種。蓋雷波人之習

耳人之軼事

慣以耕種及勞力爲恥、惟特雷唯亭及特雷唯亭之混合種。階級最下者。習農商之事。特雷唯亭人之居於山中野外者。一名利耳人。利耳人之事蹟。初發見於愛爾弗來勞屋爾 Alfred Lyall 氏所著之『亞洲談』一書。書中載雷波泰那省山中之事曰。『山中之地居民。爲利耳人。聚族而居。近時與印度土人爭戰。村長奮勇前驅。軀幹極小。皮色黑。腰際以布圍之。手執弓矢。指犬而誓曰。此乃吾所牧之畜也。卽以此償汝三牛。二牛爲脯。煨而食之。一牛貰酒一桶。侑以牛脯。爭鬭之時。射取若婆羅門人。請以其血償汝。値可也。』印度長官歸而述其狀。猶現恐佈之色云。嘗記近時阿富汗人。成羣結隊。四出剽掠。行至山中之地。遇利耳人。阿富汗人之身軀長大者。自利耳人視之。如大沙魚之入小魚羣中云。由此以觀。則此輩利耳人。於社會之階級。較愛倫人及婆羅門人爲低明矣。

論回教及印度教之異同

印度全地居民種類之多。形狀之奇特。已略言之矣。其中七大類。固非因宗教方言之互異而分之也。如愛倫種。特雷唯亭種。二者之混合種。亦不過就其來源及面貌皮色而分之耳。其宗教之互異。方言之不同。固未遑及之也。然以大約言之。印度人民十二分之十一。爲信奉印度教。及回教者。其十二分之一。則爲信奉釋教者。或爲智識未開信奉鬼怪巫術之土人耳。愛爾弗來挲屋爾氏所言之利耳人。與印度各處山中之土番皆爲信奉鬼怪巫術之輩。印度回回教。則各種多有信之者。惟信奉者之多寡不等耳。大率以印度西北及孟加拉省東鄉爲多。至於印度斯河之西。附近回教國波斯及阿富汗斯坦等處。則盡人皆信回回教。本佳省之西面及南面市鎭鄉村之民。亦然。本佳省之東部。及自聯合省而東直至倍奈司。其間城市之民大半皆爲回教徒。鄉村之民。亦有信奉回教者。印度回回教。本來自異族。爲昔時印度教人所敬奉者。故至今名爲印度回教云。如在本佳省之居民。一族之中。半爲信奉印度教者。半爲信奉回教者。其改教之故。迄不能得其底蘊。或爲昔時回教人勢力全盛於印度時代。爲威力所迫脅而改奉回回教者。說亦近理。在孟加拉省東部。至今日信奉回回教者甚多。則以昔時印度教而改奉回回教者多於他處之故。蓋昔時回回教人戰勝後。孟加拉之半蒙古種半特雷唯亭種。皆改奉回人之新教。〔回回教〕而印度教之得幸存者。亦云險矣。大凡世界上無論何處。宗教二字易爲半

論印度之各種方言

開化人及無知庸人所信奉。進步最速。深合社會上之心理。至印度教微妙之道理。祭祀之秩序。皆足爲回教與基督教之敵。故近日印人之改奉回教者日見其少。雖然印人之信奉回教者。究亦有人也。回教風俗。准寡婦再醮。惟不贊成童年結婚。故印人以爲利便者亦多。況印度教不收貧乏之下等民族。故印度之下等民族。概不能入印度教。回回教爲奉天傳道之教。與婆羅門教異〔卽印度教〕回回教人在印傳道之熱心。雖較前大減。然猶足號召印人入教者。因回教定例。不分品類。欲入教者。胥納之。所享教中利益無畸輕畸重之弊。卽犯罪者入教。教中亦許以自新。其入教之門。雖如是其廣。然印度戶口日增。而信奉回教者。仍未見其有加無已也。

印度方言之異同。與種族界上絕無關係。據有經驗者之言。則印度方言不下三四十種。而各鄉音之分尤多。然約略言之。可分四大類。其中以印度歐洲方言〔或名愛倫方言〕及特雷唯亭方言最關緊要。其餘二種。一爲克拉林方言(Colarian)。卽古太奈泊(Chota nagpur)生番所用者是也。最爲奇古。一爲西藏中國方言。卽緬甸人所用者是也。方言中以愛倫方言。行用最廣。特雷唯亭次之。南方特雷唯亭人所用如脫羅苟 Telugu 台密耳 Tamil 凱南利 Kanarese 等皆特雷唯亭方言之大支也。本佳巴 Punjabi 印地 Hindi 瑪拉太 Marathi 孟加利 Bengali 則爲愛倫方言之分支也。孟加拉人與愛倫種混雜者甚少。故其所用方言爲古梵文之遺音。印度中部南至開司那 Kishna 河之居民。曾與特雷唯亭種相混。故其所用方言亦爲梵文之遺派云。印度方言既若是之雜。人民種類又若是之多。散漫無歸。有斷然者。然細考之。知印度文化全恃愛倫方言及其古時文學之暗助力。雖印度南部之特雷唯亭方言土音中。亦含有愛倫文學。此皆愛倫之婆羅門人[祭司]著述品感化之力也。

論英文爲用之廣

以上所述各種方言外。尚有英文。亦爲近世流傳於印度之一種。一千八百三十六年。駐克爾克脫 Calcutta 英總督議事會會員墨考來 Lord Macaulay 勛爵提倡英文流行於印。爲必需之事。竭力鼓吹。印政府卒從其請。訂定規則。略謂印度高等教育應以英文教授云。曾記墨考來之言曰。應用英文與否之問題。倘悉心研究。不難解決。試問吾人若有提倡英文之權。即教授英文歟。抑教授別種方言歟。夫英文科學書籍之完美、無敵於天下、固盡人皆知也、若授歐洲科學、用歐洲教授法歟、抑別種教授法歟。然教歐洲科學、而以別種教授法、又盡人皆知其不可也。若教性理格物之學。及史記事實等科、仍從印度舊法歟。抑有所改革歟、夫印度之醫學、雖英人醫級之最下者、猶不屑與之同日語、印度天文學、則不值英之女學生一笑、如印度史記中有身高三十尺之皇、在位三千年者。地理學書中有謂糖水海者、牛油海者、其荒謬不經。孰有逾於此者。尙足言舊法之可採乎云云、至墨考來氏爲後人所指摘者、以其毀滅人之國粹、而以異國方言文學代之也、又有人謂英屬印度政府聽信墨氏、而須定此例、於政治上不無失策、蓋印度人之於其本國國粹也、已有根底、如船之泊於安穩良港、一旦改絃更張、使之學習英國文學、如船之入於大海、茫無涯岸、一時無所適從、其弊一、印度古學雖有乖謬之處、然革之而不以實學代之、遽以智識自由爲言、奈印人之程度不合何、其弊二、此反對墨氏之說也。此外尙有阻力爲之障礙者、然以遠大之目光觀之、則墨氏以英文爲高等教育之中樞、誠屬正當之論。若印度因循不改則已、苟欲與泰西文化並駕齊驅、而得新學智識。舍墨氏

論印人用英文爲利便

之辨法外。無他途可趨也。印度高等學校書院中。猝然改革而注重英文。不無不合之處。然非根本上之不合也。不過其大綱中之一條耳。況印人心理趨向英文。印地各處。雖仍有教授印文字者。而青年子弟每不喜本國文而喜英文。因其能得新學識。而爲謀業之捷徑也。吾人閱羅馬史。知羅馬以臘丁文爲國文。統羅馬帝國之地。無論官界文牘。及一切團體上之函件。皆以臘丁文行之。今之英文在印度。竟如臘丁文之於羅馬。爲近世最不可少之文。法律之訂定。以英文書之也。臬院審判。用英文達意也。政府諭旨。以英文頒之也。公家辦事。以英文爲主文也。英文之爲用。不亦廣乎。以之與他處方言土音較。則方言土音僅適用一隅。而英文通行各處也。別處方言土音用之者。雖較英文爲多。然其實力究不能敵英文。好學之士。咸受英文書藉報紙之益。報紙中所載者。多自英文譯成印文。雖其所譯不免失原文本意。然足證英文爲用之廣矣。

英文在今日爲印度社會及國際上所通用。而獨佔字學之優勝。此吾人所敢決言者也。蓋印度方言。隨處不同。南印度之方言。至印度之蘭藿。如印文之在倫敦。倫敦人茫然莫辨。又克爾克脫人。或孟買人。若至特爾哈城。或印度之貝書華 Peshawar 城。則如英人之至羅馬或巴黎。言語互扞格也。然適有能通法文之英人往巴黎。可以無言語不通之缺憾。是故今日通曉英語之印人往印度通行英文之處。亦無格格不入之慮。近今印度人有一新異之性。最喜集會。名曰改良印度會。或則討論政治上之事。或論社會之事。或言實業。或言宗教。其餘種種問題。名目繁多。會員皆印度各處有名人物。試思若無一大同之文字言語。以貫之。彼等習俗各異。土音不同。爲能發抒其意見。則利用英文。愈於本國文字也。抑有進者。世界文明交通之法日進。便利。輪船也。鐵道也。觸目皆是。然亞洲猶有無鐵道之區。印度若無鐵道。內地交通不便。將老死不相往來。安能萃千里於一堂耶。故鐵道亦大有利於印者也。將來英文日盛於印。印人又利用鐵道交通之法。則古來種族宗教方言上之障礙。一埽而空之。又何有種族階級之意見橫亙於中也哉。

印度目下教育情形

雖然。由前之說。於英文之盛行於印。積極太過。以目下大勢言之。印人三百兆衆。其間通英文者。不過一兆人。淺學者多。不過英文流行於印之漸耳。至於印度普通教育爲全球最窳之區印度男子能書寫者不過百分之十而女子通曉文墨者尤尠殆不過百分之一耳童子就學者四人中僅一人且通商大埠外女子讀書者竟百不得一焉推其原因由於印度早婚主義且嚴守閨房主義耳女子無才便是德一語深中印人腦中其能順夫而操家務卽爲淑媛若夫出門求學且爲厲禁歷古以來女界之黑暗實甚至於男子求入學亦不注重人民四分之三從事於耕種農爲邦本全球一例印人亦以力田爲榮故印度鄉人能使其子弟在家學稼穡之事不願使之入學而城居也昔日士人有在鄉村提倡設立學校恆爲鄉人所拒絕云雖然凡事有利必有弊而印人若是迂泥其中亦不無可採之處鄉人雖目不識丁然非全無智識者幼時諳熟父老之傳聞及宗教之主旨農人所口習而編爲歌曲者皆昔賢名著之詩賦也他如地土學稼穡學鳥雀捕捉學畜牧學皆父傳之子兄以詔弟者也總之印人目不識丁自古已然不知求學其愚可憫因之教育普及於印度不能如泰西之順而易耳

印度古今事蹟考略卷四

第四章　印度人之族級

葡萄牙人之論印度族級

族類紛歧。爲印度社會之怪現象。世界各國。未有若是不平等者。故欲論其眞相。非先研究其原因不可。欲研究其原因。則尤貴乎博學之士。不憚煩瑣。以考求也。

夫所謂族類階級者。于其生也。決定之。生於何家。凡一飲一啄。服式婚姻之事。皆須遵守其父母所屬之族級而行。「族類階級」。本爲葡萄牙字。原文爲臘丁字 Caste 即血系眞傳之意。當葡人初居於印度之海岸。即覺其士人之分族類階級。爲可異。乃紀載其事略。謂印人強分族類。有高級者。有低級者。族類之間。禁忌綦嚴。凡屬上等族類者。即不屑與下等者同飲食云云。葡人又謂族類階級之異同點。於表面上。即一望而知。然考其究竟。族類中婚姻之事。最關緊要。亦即族類根本上之分別也。若無婚姻之禁令。專守不共飲食一條。則族類之制。豈能歷久。至今而不衰乎。族類之影響。卒使印度人民。分爲無數種類。永久長存。而不相融合。若無聯姻外族之禁。則族類必至融合。故曰婚姻禁令。原爲維持各族。毋使相混之根本也。若論印度

論門鈕律一書

現今倘存之族類。頭緒紛繁。莫衷一是。論者雖不乏人。然所言族類之原因。及其發展之歷史。言人人殊。而無數理想之詞發生矣。雖然。請擇各家之言。以供有識者之採擇焉。

試執一信奉印度教之印人而問曰。印度之族類階級。何由而生。何由而盛。彼必以門鈕 Manu 法律。或以其他古梵文書之言法律。及祭司者應之。門鈕法律。大類聖經中之希勃來書。名曰「利未記」Leviticus 者。門鈕法律約在西歷二百年時告成。書中所載。類皆古時祭司之事。及婆羅門 Brahman 人眼光中之印度社會。書中又言古時印度族類中有三種重生族。或言聖族。而三族中以婆羅門人為首。彼等自謂人類之最靈。次為夏脫利亞 Kshattriya 族。即兵士是也。又次為帆沙亞 Vaisa 族。即農人是也。三族之外。又有所謂蘇特雷 Sudra 族者。族人於獻祭祀神。及讀聖經等事。(即天竺古經)皆不能參預其間。惟供三族之傭役。是其職務。若蘇特雷族以下。尚有無數下等族類。族人之父若祖。皆因不正當之婚配而生者。或因父若祖之自棄。不與祀神之禮而然。其族類之最下級。則曰流族。凡茲下等族類。至今猶存。蓋其族愈下。則所學亦愈卑賤云。

論重生之意及聖線之事

重生二字。印度教之名詞也。爲宗教中最要之點。故不可不畧言其意。婆羅門人。或夏脫利亞人。誕降之時。謂之初生。〔或言人生〕男子至能行步言語時。〔約八九歲〕例須供獻酬神。此有生以來第一次祭神也。是謂神生。或言重生。祭神時父母令其子背誦素習之天竺聖經一短篇。嗣後即以此篇爲每日頌禱之文。背誦畢。祭司以聖線授與佩帶。此次祀神爲重生之始。亦爲各族承認此子屬於某族類之證據也。所謂聖綫者。乃一細長之線。由三股或多股細綫紐結而成。而佩帶於左肩之上。婆羅門人所佩者。爲棉紗打成之聖綫。夏脫利亞人及帆沙利亞人所佩者。一爲麻質。一爲羊毛質。聖綫乃獨一無二之貴品。所以表示己爲神生之證據。聖線之事。爲印度教大綱之一明矣。

世之論印度族級者見解各有不同

門鈕法律一書。近世士大夫之考古者。見此書所載祭祀學及各種不經之事。雜亂無章。頗輕視之。然所載實事。頗堪信者。蓋古時著作者不喜獨創新論之故。其所記者皆當時之實在情形也。取其記載族類階級之事。其理有三。（一）書中所載皆盛稱婆羅門人之尊貴無匹。然族類階級之所以分。係保守婆羅門人之尊崇明矣。(二)族類階級之基礎爲血系眞傳。(三)各族所務職業。皆隨各級之高下而高下之。且爲世襲之業。不得調換。以上三理。固甚簡明。然欲求一合理之論。以解釋族類階級之原因。則竟不可得。近世士大夫讀門鈕法律一書而談族類階級之原因者。其說多歧。試分析之。

第一說

其第一說曰。族類階級之所以分。原因在於職業。古時酋邦政治。最爲簡單。酋邦中所有人民。大概分酋長農夫及祭司而已。是三者皆爲世傳。嗣後社會漸次發達。生齒日繁。職業亦漸多。然所增之事業。亦如以上三者。皆爲世襲職業。惟不能如以上三者之尊貴而已。歷時既久。即視其世職。成爲一定階級。又因宗教之嚴例。既有階級。一成而不可破。永存於印度矣。是說所持之理由。亦有不盡然者。

第二說

其第二說曰。據但習憶倍孫 Sir Denzil Ibbetson 氏作本佳省戶口簿時所載。印度族類階級之原因。關於職業之不同。職業中最尊貴者爲祭司。而階級之分。即基於此。蓋婆羅門人之職業。固祭司也。欲長保其位之尊榮。非嚴定世襲職業不可。職業之世襲既定。他族人自不能爲祭司。而祭司之尊榮。豈不因之穩固哉。於是婆羅門人定條例。專言婚姻及互姻之事。又託言何等族類之人爲不潔。何族人所食之物亦爲不潔。又定族類中互相交際之情形。而族類階級成矣云云。士大夫之駁斥此說者甚衆。略謂世界上無論何國。斷無嚴定限制於本族之外不准聯姻他族者。再婆羅門人此舉。爲自私自利起見。彰明較著。其他族類。豈肯甘心屈服於其苛例之下。而順從其不聯姻於族外之例乎。然則以上二說。俱以印度族類階級關乎職業世襲爲言。似不能據以爲階級之原因云。

其第三說曰。據法人桑諾 M. Senart 氏所發明。畧謂印度愛倫人。非希臘人及羅馬人之同種乎。印度社會之因家成族。因族成邦。非猶是希臘人羅馬人之由家而成國乎。印度族類之奇點。在於凡人不能聯姻於其同種分族之女子。亦不得聯姻於其本族之外。在希臘羅馬之婚姻禁令亦然。羅馬古時平民娶貴族之女爲妻。法律未嘗規定。因之平民與貴族爭執者甚久。至於食物及聖火〔即祀神之火〕之禁。羅馬希臘莫不與印度相類。在印度若某人被逐於本族。則其所嗜煙茶等物。概以爲忌。被逐之人。不能取舊時同伴之碗以飲。亦不得以同伴之煙管吸食。羅馬則有逐人不能預祭火及飲聖水之例。桑諸氏又引證其他異同之處。以爲印度之所以有族類階級者。因古時愛倫人之遺傳耳。誠如桑諸氏所言。則歐洲各國之家族邦制。漸融合而成一國家團體。彼印度之家族邦。乃如生鐵鑄成。各自界畫。而不相融洽耶。桑諸氏諒亦知當時愛倫人初入印度時情形。與此均異。人數無多。散處於印度土人之中。欲求自成一種。不與印度土人相混。於是以高尚之理言血系眞傳。以自異於印人。愛倫祭司婆羅門人。又從而贊助之族類階級。或因之發生乎。

以上所論印度族類階級之原因。彼此不甚相反。俱以近時之現象。論上古之風俗。印度近時之存古學堂。於桑諸氏所言印度歐洲種相類之情形。頗爲信從。至於印度各類。因皮色種族而分。如門鈕所言。較爲確當。古梵文以『顏色』名各族之族字。可以知其用意。

論愛倫人之低視特雷唯亭人

以理度之。當時愛倫人。屈服特雷唯亭人後。以戰勝者自居。掠特雷唯亭婦女爲妻。嗣後愛倫人之容貌。因娶特雷唯亭婦而略爲改變。然愛倫血系。固仍在其中。至後人數已增。乃閉關自守。不再娶特雷唯亭女矣。族類階級及支族之分立卽發軔。各族因血統而分爰倫人。又因輕視特雷唯亭之卑微。不欲與之互相混合。故但娶其女而不以爰倫女子嫁特雷唯亭人。蓋對於特雷唯亭人。如美洲人對在美之非洲黑奴無異。其輕視印度土人見之於門鈕所著一書。昔有一婆羅門族婦女與蘇特雷人〔階級之微賤者〕所生之子。門鈕斥爲人類之最卑賤者。逐之於所居村落之外。衣以死人之長袍。飲食給以破碎之碗。使執行刑人之事。種種苛待。不一而足。考其原因。殆由種族皮色之不足以美觀。故如此虐待也。

雷波人中之族級

族類階級之原因。既如以上所述矣。今姑以實驗所得者。逐一論之。以覘其究竟。雷波人之居於雷波泰那省者。分族而居。名稱不一。族人不僅以雷波人自稱。有稱爲沙蘇地 Sisodia 族人者。有羅梭 Rathor 族人者。有開畢哈 Kachwaha 族人者。有約證 Iadon 族人者。各以其所屬之族名而稱也。所屬之族類定例。若甲族之雷波人。不能與其同族者聯姻。必須聯姻於他族之雷波人。如是婚姻之例。分爲二焉。（一）不能聯姻於大族之外。所謂大族者。合全數雷波人而言。（二）不能聯姻於自己所屬分族之內。所謂分族者。卽如以上所述之沙蘇地族或羅梭族是也。全數雷波人。爲族類階級之一。各分族之人如各家然。設如雷波人全數爲十萬人。照例而論。則全數中無論何人。除自己所屬之分族外。其餘皆可聯姻。實則不然。甲族之雷波人可娶乙族雷波人爲妻。然不肯以己女配於稍低級之族人。若許之。以爲大失體面云。故無論何族之雷波人。擇壻必須較己族高貴者。或門第相埒。方允聯姻。斷不肯降格以就也。職是之故。分族階級愈高者。擇壻愈難。且彼等風俗以女及笄不嫁爲恥。與其生女而至長難嫁。不如無女之爲愈。因是溺女之風熾矣。考其所以襲上古時溺女野蠻之習者。以其風俗不便之故。而古時門鈕輕視貴族之婆羅門人女。與下賤之特雷唯亭人所生之子。斥爲人類之最賤者。得毋與雷波人之擇壻甚苛相類乎。其餘所當守者。爲家族中之寡婦不許再醮。妻子不得出閨閫。有事出外。必須以網障面。所生之子女。於九歲或十歲之間。在英國方離保姆之護持。而彼等必使之婚嫁矣。凡非雷波人。則不與同食同行同器具同耕作。若犯大過。例須出族。如以上所舉之例。有犯之者。未免自暴自棄。而爲族人所斥也。

以上所論雷波泰那省雷波人族類之事。頗可詫怪。大似酋族政治。近日印度之族

瑪拉太茄脫二族中之族級

類階級漸成爲職業上之關係。族人竟不得聯姻於大族之外。然雷波泰那省則異是。祖宗爲何族。子孫亦卽爲何族。雖族人中之最貧乏者。亦一例焉。故雷波人族類雖衆。無有如他處族類階級之嚴甯。是則雷波族類。爲古時酋邦性質無疑。其間雖略染印度教之俗。尙然涵濡尙淺。族類中之諸例。多與二百年前蘇格蘭之族類相似也。

更有二種人。其族類與雷波族類相似。一爲瑪拉太。一爲茄脫。瑪拉太人之散居孟買者甚衆。約有四兆之數。統瑪拉太人爲一族。婚姻俱於族中行之。雖族人率皆農人。然不以職業而分。亦因祖遺爲何族。卽爲何族。茄脫人之在本住省。如瑪拉太人之在兌肯中。分田主與農夫。各有界限。族中之事。族人自行管理。合全數茄脫人爲一大族。其間又有一事。與瑪拉太人彷佛者。卽印度教之信力。被於茄脫人者甚微。故所作爲。多與教律不合。寡婦再醮。及遺產嗣續。胥任自由云。或謂是二者。乃亞洲北部之游民。沙靜人〔類蒙古人〕移居印度者。故不規橅印度族類階級之制云云。此說庶幾近之。

婆羅門人中亦分族級

族類階級之制。於婆羅門人中。最爲完備。凡婆羅門人同爲一族矣。究其實際則不然。婆羅門中亦分無數派別。派又分支。甲派之男子不得與同派（即甲派）之女子聯姻。惟得於指定之數派中擇娶。派數極繁。一省之中。有多至二百餘大派。有可以聯姻。有不可以聯姻者。甚有一派之婆羅門人。不飲別派婆羅門人之水者。界限之別。何其甚耶。亦有多數婆羅門人所務職業。其同種人以爲卑賤。而以他族視之。爲其放棄族類階級之利益故也。一服卑賤之役。立卽降入下流社會之中。而別派婆羅門人。不屑與通。其所食物。亦視爲不潔云。

論小族類之多

族類階級。上文所詳陳者。乃指族類中階級之高者言之也。尚有無數下等族類。據調查戶口者言。有二千三百種之多。大率以所作工業之名。名其族。如士族。牧畜族。金工。鑿鐔等族。皆是。名稱繁多。不可勝紀。族類之分。由職業之異。職業乃世襲。間亦有棄其世襲之業而營他業者。故一村之農人中。亦有一二業金工或畜牧者。設如遷業者衆。則又聚成爲新族矣。如印度之仇滿族者。以牛皮爲營生。而印人以爲最不潔者也。族中若有一羣人。棄牛皮業。而遷較潔之營業。則此一羣人。卽與舊業牛皮者分離。而自成一族。更新族名。即躍升社會之高級矣。嗟乎。世界之人由下級而升高級者其技量大率類此惟在印度誠不多覯。甲族永爲甲族。乙族永爲乙族。因各族中彼此抵拒而宗教社會又從而監督之。故族中之人無論升至若何高度。終不能脫離其族範圍之外耳。

被逐者之狀況

印度各種族類。如商業團體。或會館。各治其業。每族皆有人監視族人。不得更作較低之營業。族中工作之薪資。不能參差。不使族中人食禁忌之物。及聯婚於別族。族中犯大罪者。即逐之出族。出族之後。雖其舊時同伴。及其親戚。亦不得與出族者同飲食。並不得入其門。或娶其女。婆羅門人亦不雇其爲僕役。薙髮匠亦不屑與之薙髮。浴室亦不令其入內沐浴。嗚呼。置身天壤。幾無復與若人通款曲者。其俗例之嚴如此。蓋有牢不可破者已。

考察家曾於印度各處調查此等族類。按其階級之高下。爲列一表。以供博學者之研究。無如族類多如散沙。不易搜集。而定甲乙。即如婆羅門人。盡人皆知爲族類之最高者。夏脫利亞族 Kshattriya 及帆沙亞 V-aisya 族次之。此亦易知者也。又次

論婆羅門人賤視下等族人之極點

則爲蘇特雷 Sudra 族。尙不甚爲婆羅門人所鄙夷。以下則無識矣。有爲婆羅門人所不齒者。甚有其人在側。即防其汚染者。可詫甚已。

印度南部。爲婆羅門勢力最盛之區。汚穢之事尤多禁忌。有數族類爲婆羅門人所最忌者。若遇其人於途。婆羅門人必遠避之。蓋相距在二十四尺以內。卽爲所汚。甚有相距三十六尺亦已汚辱者。又甚有相距六十四尺。猶以爲汚辱者。一若其人所至之處。空氣亦因之不潔者。此等人雖寺廟亦不得入內。高等族類所居之村落。亦不得假道。其人亦自甘低賤。置身於一無價値之列。設途中遙見婆羅門人。必先繞道而行。甚有遙相通告。以示弗近者。印度瑪德拉司 Madras 省南境。有大勢動族焉。族名沛利英 Pariayan 恆爲上等族類所輕斥。爲汚穢不潔之人云。

總之印度低賤族類。人數最多。在五六十兆之外。近時有一問題。頗足搖動印度教者。卽言卑賤之族人。認爲印度教人與否。若在十年以前。必直應之曰否。乃近日多數印人心理中。猶否認之。其能稍知大體。對於卑賤之族人而一視同仁者。祗少數有學識之人耳。回教人在印度全盛時代。有回回教政治家。嘗言統印度教全數人民。其中有三分之一。爲印度教人民所不齒。並不准預婆羅門人祀神之列。被逐於印度宗教之外。吾人於卑賤族人。能混同於印度教人問題。甚願討論。若有効果。抑亦平等之盛軌也。學問淵博之印人。深知此義。惜族類階級之毒中之已深。一時未易變化焉耳。

族級之制牢不可破

族類之制。牢不可破。言之詳矣。今再言印度南境。有族名林猳夏 Lingayat 者。乃信奉沙佛神之族。此族之發生。在十二世紀之中。憤婆羅門之驕傲。改奉沙佛神。破除族類階級之制。屏絕與婆羅門祀神之觀念。無論何族人之來歸者。一概以平等視之。嗣後此類發起人之子孫。故態復萌。與來歸之子孫。斷絕往來。不與之同飲食通婚姻。而自成一種高等之族。來歸者之子孫。各依其原來之階級。分而爲數支族。良法美意。蕩然無存矣。一千九百零一年。調查戶口注册時。林猳夏人請於調查者。註册時勿以林猳夏之名。概括彼族。須註明林猳夏婆羅門族。林猳夏帆沙亞 Lingayat Vaisya 族。及林猳夏蘇特雷 Lingayat Sudra 云云。由是觀之。則其先人所欲破除之階級。至是復行矣。總之族類階級之思想。充塞乎印度全境空氣之中。卽回教人至印。亦沾染其習。甚至印度之基督教團體。亦沿其陋習。昔時羅馬天主教傳入印度。印人之改奉天主教者。仍守其族類階級之制。不稍淘汰。族類階級之魔力。誠不可思議。是則猶爲近今在印之教會所不可不研究而討論者也。

族級中有二大弊病

族類階級之最要關鍵。及其弊病。厥有二端。一爲幼年結婚。一爲寡婦守節。是二端爲泰西所最反對者。無論何種團體。若有提倡此二端。或奬勵之者。皆目爲得罪人道。若夫孟加拉省盛行幼年結婚。習俗已深。無術挽救。玆不具論。其餘印度各省。亦皆盛行是習。惟雷波泰那省之雷波族。及本佳省之茄脫族。其族類階級中。於此二端。不如他處之牢不可破。似可改良。茄脫人之於禁止寡婦再嫁一節。不甚注意。然浸淫於婆羅門人之習俗。亦相習成風。究未深入於人心也。改此二端。尚屬易事。至於印度婦女之舉動。以泰西目光視之。無一合於眞理。然泰西人自有泰西禮俗。東方人自有東方禮俗。地殊俗異。何能執一隅之見。妄論是非哉。印度人以爲婦女服從男子。方能齊家。自謂家法之善。莫過於此。故欲論族類階級而審其是非得失。非素稔印度之風俗人情。烏從得其眞際哉。

族類階級之制。可謂人道之蟊賊。而不適於國家政體者也。族類愈繁。則人類相愛之義愈狹。族內之人互相扶助。而於族外之人。則排擠之。輕視之。趨避之。惟恐不及。印度人民悖於大同主義。可見一斑。雖然天下事有一弊必有一利。族類階級之弊。既詳言之矣。其利益所在。則如族中公益各事。族人皆樂爲之。先人遺傳之厚澤。保守維謹。族中雖至卑至賤之人。一例以平等相視。族中事務。合族皆負責任。犯律者。必重懲之。不稍寬貸。蓋所以保持族中之公益。非嚴刑苛例爲後盾。不得也。

難者謂族類階級將歸消滅乎。曰難言也。歐風美雨。日漸東流。而印度人集會討論之思想。亦蒸蒸日上。後此人道主義。將放大光明於世界。然則族類階級之苛例。或因之而歸天演淘汰之列。未可知也。惟以近世觀之。殊少効力。蓋聞專心研究家之言。則互婚主義。尚不能通行於印。幼年結婚之習。亦未稍減。故須俟之異日也。

印度古今事蹟考略　卷四

十六

印度古今事蹟考略卷五

第五章 宗教

總論

印度教、回教、釋教、印度之三大教也。耶穌降世前後數世紀中。釋教爲印度之國教。今則但流行於緬甸耳。印度本部人民所信奉者。惟回教與印度教。其間信奉印度教者。較回教徒爲多。其比例爲三與一云。三教之外。尚有數教。爲印度少數人所信奉者。信基督教者約四兆人。信薛克教者。約三兆人。信茄茵 Jain 教者。約一兆有餘。至於印度土番半開化之信奉仙靈鬼怪者。約計十兆人之多。

印度教與回回教

印度教與回教。絕然反對者也。印度教根於印人本性。好怪之心。情慾之念。兼而有之。推其委靡不振之性質。處於無可無不可之間。無論何教中怪異之偶像。彼皆取而列之教神中。教務及祭神之事。祭司掌之。並無教堂及公立之祠以祀神。教中亦無一定條例。人之身分價值。並不平等。有高級者有低級者。低級者則目爲不潔。教務由高級之人掌之。大類貴族政治。回教則不然。考其源流。來自西彌脫。(亞敘倫希伯來等方言。皆西彌脫方言之支派) 亦爲回人戰勝印度所留之紀念也。回教號獨神教。教中道理。載於可蘭經。Koran 教中人不得兼信別教之神。蓋謂天地間祇有一位眞神。應崇拜之。然不得以偶像及神軸代神。回教人以爲印度教之崇拜多神。實背眞理。而立應禁絕者也。故視世人皆爲平等。教中並無族級之分。回回教大類民主政體。凡爲教徒。皆得享教中權利。印度教之與回教宗旨。既若是懸殊。無惑乎兩教若冰炭之不相投也。然二教各行其道。彼此絕不侵擾。在承平之世。印度教人對於回教人。如待他族類然。不與同飲食通交際。回回教人。則以印度教爲本地主教。己爲客教。主客之間。少有假借之心也。印度有數省。印教人與回教人甚爲和睦。此教之令節。彼教從而贊助之。彼教之令節。此教亦然。有時彼此竟互祀於二教之會所。雖然。若是雍睦氣象。殊不多覯。如在城鎮鄉市之間。此二教多有相待如仇敵者。稍有齟齬。風潮大起。卒演成流血慘劇。設在印度教人中殺一牛。或印度教人將死豕投於回教禮拜堂內。即犯二教之大忌。風潮之起。可預卜焉。英人深知其然。故治理印度之法。須面面俱到。蓋所以保印度之治安也。

試問印度教究爲何種宗教。其宗旨若何。與釋教及土番古族所信靈怪等教。有何

藉之談印度教神

異趣。殊未能明晰解決。試執而問諸深明梵經之印人。彼必曰。梵語所言。可以解決第一問題。此不過彼之遁辭耳。蓋經集所載年代甚多。所指亦不一。試先論經集之最古者。厥惟古天竺聖經。經中首載天神。如天也。日月也。星辰也。風雨也。皆爲自然之神。爲居家者所必祀。祀時祗須以簡便之儀節行之云。至於今令印度教以爲根本上教旨如人死靈魂必受輪迴等事。聖經中並未提及。後世經集中竟以勃拉瑪 Brahma 沙佛 Siva 『今於印度之萬神廟中。猶得見之』維許南 Vishnu 等神。代日月風雨等神以祀之。輪迴之說。婆羅門人之尊貴。應爲教中領袖。皆載焉。最後於基督教初發生之世紀。教中神佛之數。愈益增多。神蹟異同錄中。談新發見之神者曰出不窮。經中所載維許南神者。本爲保衛世界之神也。至是以爲此神顯形於世界。隨處而異。盛傳數世托生爲人。一爲拉瑪顏乃 Ramayana 詩篇中所言之英主雷瑪 Rama 是也。一爲瑪哈把雷太 Mahabharata 詩篇中所言之克立許那 Krishna 是也。近日崇奉雷瑪及克立許那者甚衆。印度北部幾無一人不知此二神爲維許南神托生者。然則印度土人所以服從婆羅門教化者。以其將古時彼等

今日印度教旨中有十分之九爲古天竺聖經所未載

所信諸神。加入教中。而以談論愛倫諸神之法談論之故也。後世宗教書籍所載之神佛。本爲未開化之村民所信奉。後世竟載入印度教書籍之中。以爲印度教之神。實則非也。今日印度荒僻村民名。爲奉印度教。實則仍奉彼等之神。假托信奉印教者也。細心考驗之。知印度村俗所信奉者。皆爲鬼怪。山嶽之精。河海之靈。皆神也。橋梁之側。喬木之上。皆神也。甚至磐石中亦有神。溪水中亦有神。其人雖漸次歸附於婆羅門教。（卽印度教）而彼等舊時所信之神。及禁忌等。仍然信守。不過依印度教祀神之法祀之耳。

是故宗教中書籍。於解釋印度教之究竟。吾人亦不能據以爲準。須參考古書。或採入宗教專門書籍之語。庶幾可知印教根據何種教旨。或謂上文所言之古天竺聖經。古書也。書中所論印度教。似可引爲準繩。印度近來宗教改良者流。嘗以天竺聖經所論。爲印度教之根本。其實亦有可疑者。蓋今日印度教中。以爲根本上之教旨者。十分之九。爲天竺聖經中所無。其根據天竺聖經者。與天竺聖經所見。亦互有不同。因見解之多歧。卒至橫生教派。各派中人雖各以印度教徒自居。然彼此相輕視

婆羅門南及胡浜立迦二書

論信奉胡浜立迦書之徒

之爲信邪教者云。

天竺聖經所論不足引爲印度教之根原明矣。較天竺聖經後出之書。則爲婆羅門南及胡浜立迦 Bralmanas. Upanishads. 二書。書成於耶穌前數世紀。印度教之究竟。將見於此二書中。乎容或見之。然辯明黑白殊爲難事。蓋二書所論印度教事。各不相同也。婆羅門南書中所論。爲獻祭之事。胡浜立迦書則論祭神及崇拜神佛。爲無益之舉動。所貴者學問耳。然此書所言之學問。係言個人之靈魂。應如何脫離塵世。證果天上。不生不滅。永久長存。凡悟澈此中奧理者。卽爲深得胡浜立迦書之三昧云。

觀於此。則知天竺聖經而外。古宗教書籍中所論宗教者。厥有二派。一則專以祀奉象形之神。一則以祀神等事爲無益之舉動。專事講演。務使脫離苦海。得參眞諦。爲唯一之宗旨。此二派各行其道。分支日多。於是宗教上之荒誕怪異。難以悉數矣。胡浜立迦書。憑空臆造之言。特成一種原理。凡信奉胡浜立迦書所論者。見解亦各不相同。研究愈久。推行愈廣。初則輪迴及箹瑪之理。略具雛形。至是始發明其說矣。輪迴。卽言生命上循環不息之道也。箚瑪者。因果之謂也。種瓜得瓜。種豆得豆。善惡相報。毫釐不爽。三生證果。儼然不虛。所以有超度之說云。且言欲明此理。非求正學不可。信胡浜立迦之徒。苦心孤詣。事以研究正學爲事。研究正學最著名之學校。爲汎登泰 Vedanta 學校。〔汎登泰或言卽聖經之入門〕盛名至今不衰。學校中人。將胡浜立迦書中深奧意義。詮釋靡遺。發揮詳盡。卒發明幻景理由。所謂幻景之理由者。卽言神本於一。幻化無窮。無人無我。相忘於物外。凡目中所見。固體流質。感覺喜怒哀樂富貴貧賤。不過幻夢。如流水浮雲。刹時卽過。欲脫離種種幻象。非辟除七情六慾。以躍出生死關頭不可。以爲如是則肉身之靈魂。一躍而入於大乘法門之中。方知太虛眞境。非幻境也。歐洲人心理中。以爲虛無縹緲。於世界毫無關係也。近來印度又有一印度教堂。講求哲學等理。信仰頗衆。其理想大類基督教。以爲人之靈魂。與萬物殊異。人之患在於無信心。不在愚昧也。救世之學。全恃此信心而已。

論拉瑪顏那詩與印度教之關係

或謂以上婆羅門南 Brahmanas 及胡浜立迦 Upanishads 二派。爲古之哲學歟。抑與印度教之原理有關耶。曰有關於印度教者也。此二派與印度教人所信奉者。

殊途同歸。閉門造車。出而合轍。其中輪迴因果之談。雖印度教中目不識丁者。亦無不曉然。且習知精靈之爲物。無往而不在。與夫一切神道鬼怪之說。彼信奉多神者。罔信萬物皆歸上帝主宰也。曾記古時有一鄉間士人。著一書。書中載彼偶坐於一無花果樹之下。忽聽鄉人呼曰巴雷密書華 Parameshwar〔卽萬物之主〕在此樹中。在葉在根。無往而不在云云。其命意與汎登泰同。而其敬視婆羅門人拜佛進香。瞻仰聖河也。則固儼然一印教人也。胡浜立迦婆羅門南二書。大旨與印度教吻合。或卽印度教之究竟。亦未可知。拉瑪顏那 Ramayana 印度著名之詩歌也。亦卽印度教與胡浜立迦及婆羅門南二哲學書間之關鍵也。詩爲古聖所著。其中強半皆古聖神妙高尙之理想結搆而成。第十六世紀之末。有名士山大 Tulsi Das 者。宗教改良家。兼能詞章者也。將拉瑪顏那一詩。略加修訂。至今印度北部村民奉之爲聖經。云詩中所敍。爲維許南神降生爲人。卽英儲雷瑪是也。著者以一己高尙之思想。言雷瑪之行爲。如何熱心教事。如何信仰。如何崇奉。皆著書者理想上之幻景耳。竊是則印度教人。大半雖無智無識。信禁忌。分族級。拜多神。而心理中非全無神妙較眞之思想。其所以依然故我。不能進步者。由於改良之士。信從者少。醉心哲學者所倡之新教派。相沿日久。眞理盡失。然則該教之名。雖存於世。信之者不知其眞理之所在。卒成一多神多禁忌之教。然則與印度教又何異哉。

論教派人心目中之印度教

吾人嘗細考、婆羅門聖經矣。終未能發明印度教之原委也。婆羅門聖經所言。皆哲學上之理想。及信奉多神之模型也。有多數人咸思解釋印度教。究爲何種宗教。（一）印度之有權勢者曰。印度教者。卽印度人所信奉者也。（二）英人文學家之言曰。舉各種禮節上之模型。及信奉尊敬之心。昔時聖書上與神學所載之遺規。加以婆羅門人所宣佈之婆羅門律例中原理。一言以蔽之曰。印度教也。又曰。印度教專言性理。漫無秩序。如鬼也。魔也。仙靈也。菩薩也。以及人死所封之神。如家神也。族神也。天神也。又有無數神廟。各神之禮節。彼此不合。神性亦非一致。有見傷害微生物而不忍者。有喜以人爲祭者。則印度教與吾人所謂宗教大異。印度教根於天竺聖經。而與古聖經相符合者。不過三四處而已。如尊敬婆羅門人。提倡族級之制。及因果之說。輪迴之談。牛爲聖品是也。其實印人尊敬婆羅門人。嚴守族級之制。弗與不

祇須服從婆羅門人之言即可稱謂印度教人

印度教無一定之禮節

潔族人相往還而已。卽有人違背印度教而信奉別神。亦仍得稱爲印度教人。然則稱爲印度教人者。非皆崇拜印度教者也。凡服從婆羅門教者。卽可謂之印度教人云。

基督教徒禮拜上帝。有教堂爲聚會之所。所講道理。亦有一定之書。教會中事。有教師牧師主教等管理。至印度教則不然。教中並無主教及禮拜堂執事等。亦無一定之禮節。又無教會。如倍奈司 Benares 墨拉 Mattra 登足 Tanjore 諸省。皆爲教中博士薈萃之所。博士會所發表之意見。往往奉爲圭臬。所謂印度教之教會。祇此而已。信維許南神之徒。無論爲崇奉雷瑪者。傑干南 Jagannath 者。或克立許那 Krishna 者。皆另立條規。不遵沙佛徒所定之例。(雷瑪克立許那傑干南三者。皆維許南之化身也。) 而沙佛之徒。亦不遵其定例。是故印度教。糾漫紛紜。不可究詰。無一定之神。與一定之禮節。職是之故。教中嘗有添設新派。分門別戶。各種神佛。愈增愈多。祀神之禮。亦愈出愈奇。印度教之正宗。有沙佛徒及維許南徒二派。二派之間。無甚相異。故有一人而兼奉此二派者。二派中又分若干支派。以致教派橫生。各樹異如信奉沙佛者之中。有信奉沙佛神之妻名茄利 Kali 女神者。各以其禮祀之。相傳以爲沙佛神所喜者花數朵水一盂。茄利女神則喜牲牷之血。故二教之徒。各投神之好者祀焉。祀茄利女神在孟加拉爲最盛。茄利之外。又別有所設女神者。祀狀之淫邪。不堪寓目。信奉維許南者。又分數派。有信雷瑪者。有信克立許那者。有信傑干南者。實則三者皆一。蓋此三者、皆維許南三世降生之名也。祀雷瑪者以五德省人爲多。祀克立許南者以墨拉爲多。祀傑干南者則阿立撒人民也。三者皆係印度之土神。本非印度教神也。嗣後爲婆羅門人所引。而加諸印度教神之中。以傑干南爲尤著。神首圖無手臂。顯見如印度古族所奉祀者。而是神之歷史。亦荒誕無稽。尤足爲野番所信奉之一證。後爲婆羅門人之徒。引入印度教神之列云。

論村神

婆羅門人相傳之大神女神外。印度各鄉。尚有本土之神。村人奉之甚虔。粗製神像。置於樹下。或置於大石之旁。以朱色塗於石上。及木片上。以表其恭敬之誠心。虔心婦女。則以人乳菓子爲祭品。夜間又有燃一燈於神前者。以媚神。神數不一。有庇祐一村之善神。有降禍降災之惡神。村民時時獻祭。冀息神怒。以免災殃。然無論善惡。

婆羅門維許南沙佛三神

村人以爲無時不有。無地不有。非比婆羅門人之神。有一定之所在。而不可接者也。村神隨處皆是。儼然臨之在上。質之在旁。村神之發生甚古。其時天竺聖經及婆羅門之神尙未發生。印度野蠻土人。已有此等祀神之習。土番亦深信神之所在。隨處皆是。於是鬼誕之說。相傳至今。歷久不衰。嗣後婆羅門之說盛行。村人又從而附和之。於是兼信村神及天竺聖經之神。以取媚於婆羅門人。至祀印度教各大神之時。非倩婆羅門人爲之祭司不可。若祀村神。則無須領祭云。

以上皆印度教之雛形也。大凡教中族級身分愈高者。尊敬婆羅門祭司之祭規愈虔。而保守婆羅門之規則亦愈謹。諷誦聖經。雖不解其義。然皈衣佞佛者流。一室喃喃。無不得參禪靜趣。時以禮物報酬婆羅門人。凡沙佛神及維許南之聖跡所在。必不憚跋涉長途。前往祭禱。每逢聖節。又必往恆河〔彼等以爲聖河〕洗浴。一飲一啄。靡不加意防範。以免染及不潔。惟並無禮拜堂。又無聚會處。日常起居禮節。皆出人意外。至於人民中有深通梵文經典及汎登泰學校之哲學宗教學學校之書者。於村民祭法。斥爲虛誕。謂所當信者。惟有三神。一婆羅門神。造物之大主宰也。二維許南神。保障世界之神也。三沙佛。毀壞一切之神也。三神者。人民應默爲祈禱。虔誦聖詩。可卜神靈之呵護也。此輩大半爲印度南部婆羅門人之有學問者也。

論邪教派

尙有多數教派散處印度大地。各派皆不以印度教之正神爲神。且不承認婆羅門人爲祭司。握無上尊權。人名之曰邪教派。邪教派之得稱爲印度教與否。其說不一。印度南邊林猲夏 Lingayots 人之教派。奉之者約有七兆人之多。彼等於數世紀前已鄙棄婆羅門人族級之禁令。雖信奉沙佛神。然於祀神時。由彼等自選之祭司。行自定之禮節。然仍不失爲印度教人也。蓋其先人憤婆羅門人之專橫。故舍印度教而組織新教派也。邪教派之低級者。自知在印度教中勢力甚微。不得入沙佛廟。及維許南廟。亦不得稱爲印度教人。因之有改良宗教者起。倡立一教。無高下階級之分。教中人一概以平等視之。則低級族人。必先信從此徒幻想。未嘗有徵諸實事也。

勃拉麻沙麻教派

自英人管理印度以來。宗教家受歐風之薰滌。因而圖改良宗教者。殊不乏人。博學之士。有截然遺棄印教中之哲學者。有幡然謀改良印教者。此勃拉麻沙麻與亞雷沙麻二派之所由來也。勃拉麻沙麻至今已成舊派。所主張者係基督教及梵經旨意之混合主義。反對族級制度。與夫近世有礙生計之事。派中多孟加拉省博學之士。敬神禮節。亦皆改良。惜不能感化多人。至今派中人數。尚不十分擁擠云。

亞雷沙麻派爲少年派。舉動較勃拉麻沙麻派爲激烈。所主張之大旨皆根據於天竺聖經。〔卽印度教哲學〕與基督教之教旨大相懸殊。其意頗欲改良印度教。於表面上觀之。雖專以宣佈敬信獨一無二之尊神爲主。鄙棄游山進香。崇拜偶像。沐浴聖河等禮節。然內容亦略襲族級之制。又信輪迴之說。爲不謬。豈非與印度教無甚刺謬乎。其人多印度北部好學之士。因之勢力大張。浸淫至於政界。近來教派中人數大增。頗形發達。亦有人言此輩特反背舊教。作此無益之舉動。何爲哉。實則有心人別有懷抱也。

今試略論薛克教。Sikhism 釋教。及茄因教。三教雖非印度教。然與印度教亦頗有相似之處也。

三教中以薛克教爲最新。自成一種道理。大旨謂神權獨一無二。主張人類一視平等鄙棄族級。以拜偶像爲無益云云。此等意旨。爲教中之綱要。傳播於印度。已數世紀。宣教師率爲印度教之改良者。於十五世紀之中。始於本佳省東部傳衍之云。薛克云者。卽門徒也。茄羅者。卽薛克人以之名其首領。仿彿夫子二字之意。教中有書籍記載各典禮。薛克最初之茄羅。Guru 束縛於印度教之下。低首下心。奉令維謹。其後爲回回教人所迫脅。經無數險境。卒聯絡薛克人全體爲一羣。漸成一武力派。而握政治上之實權。迨薛克人勢力渙散。薛克教漸趨入印度教之途。故薛克教人亦稱爲印度教人。唯與印度教有別耳。

茄茵教

釋教與茄茵教。均未感化印人之教也。釋教盛行於緬甸。及印度鄰近西藏邊界。與夫希瑪拉亞山 Himalaya 附近各地。居印度之蒙古人種。亦信奉之。茄茵教則信奉者甚少。漸次消滅。而倂入印度教之中。茄茵教徒於祀神時。竟倩婆羅門人〔印度教祭司〕領祭。且認牛爲聖品。而尊之敬之。常往印教神廟中致祭焉。

釋教

茄茵教本釋教之支派。故與釋教大致相同。發生於基督前六世紀內。釋教之始祖。Gautama Buddha 釋迦牟尼氏。一大哲學家也。氏之言曰。舉世滔滔。同此桎梏。欲脫諸苦惱。

非明心見性。辟諸情慾。打破生死關頭。不可。所謂萬象皆空。一塵不染。大澈大悟之理。皆由釋迦牟尼氏之言而發明。世人欲臻此境。不須拜佛獻祭。祇須有堅定心。慈悲心。卽可成就云。此枯寂無味之哲學。竟成爲一大宗教。教徒有全球人數三分之一。不知如何具此魔力而然。玆不具論。惟有二大原因。不可不知。(一)釋教中人無論傳至何處。必尊敬釋迦牟尼氏。及其他先聖之哲學。(二)釋教徒非專以釋迦牟尼氏之宗旨爲宗旨。往往兼信別神。因之世人易於聽受。蓋其虛誕邪怪。極與婆羅門教相似。試觀釋教之在緬甸者。以釋迦牟尼哲學爲形式。實以崇拜鬼怪神佛爲精神。總之後之信釋教者。於其教平等之主旨。未嘗講求。以堅人信心之故。強牽他教之說。以聳人聽聞。然則釋教中根本上之思想。久已不存。印度族級之分。及賤視婦女等。皆爲眞釋教徒所不許者也。

印度教與土番所信之邪神教相似

緬甸人民。若非釋教徒。卽屬信邪神者。邪神教爲古野蠻人種之教。崇拜磚石。以爲其中亦有神靈依附。又信世界虛空之中。有無數靈魂精氣。飄蕩其間。時有附於牆垣之上。尊之敬之。可爲人福。疫厲則有瘟神主之。痘症則有痘神主之。禽類之瘟。亦有神。獸屬之瘟。亦有神。甚至深林僻境。江干河面。以及洋海之中。隨在皆有神。緬甸人之迷信神權有如此也。印度山林之居民。亦有類此者。彼等不得稱爲印度教人。亦可名之曰信邪神教者。其中有數族文化稍開。有時族人適遇印度教祭司數輩。迷路山林間。奉之維謹。且習知前此所奉邪神教爲愚。而就學印教也。調查戶口者。往林間調查。嘗以此輩爲印度教人云。考查册上有十兆印人。爲信奉邪神教者。實與緬甸之信奉邪神教無異。其實印度教與邪神教。本不甚反對。彼此極易融洽。印度教之農人。於崇拜婆羅門教之神。尙敬信所居村莊四週之小神。乃沿古時印度土番所信奉。而遺傳至今者。蓋印度教之中。恆有邪神教原質。混合於其間也。

印度奉回教者約七十兆人

回回教於印度各宗教中。素無研究之價値。至今日回教徒之志向。頗不在於宗教。而專注意於政治。東方各宗教。往往具國家性質。教中人多干預政事權。印度奉回教者。約七十兆人。人數之衆。儼如一國。足見回教之感動力甚大。而英屬印度政府今日之對於回教徒。視爲另一團體。卽所與利益。亦殊特別云。

在印度之

印度之回教。較尋常回教。微有區別。蓋由於印人之信回教者。素無智識。大半先受

回教較平常回教異

印度教而後改奉回教。故襲取回教之皮毛。卽昂然自大。在克爾克脫 Calcutta 之東北鄉。鄉民二十餘兆。大致皆奉回教。狂妄之性。與無知等。易於激動。以與印教人相爭戰。戰爭之名義。雖曰奉上帝之名。然回教之綱領。與可蘭經。皆茫然不解也。而神怪禁忌。一似沾染印度教人族級之制者。本佳省本古酋族社會之地也。至今仍有分族而處者。一族中有印度教人。有回教人。雷波人信印度教有一半。信回教亦有一半。回教人數。近與印度教人數相頡頏。於此可見也。雷波人之信回教者。於日常之習慣。邦族之禁令。婚姻襲產之法制。皆無變改處。其所以與印度教人異者。不過將頭皮髮及上唇之鬍鬚剃去。時至回教堂誦經。遇有婚姻事。印度禮節之外。加入回教禮節耳。先聖大神。回教人常爲之立廟而祀之。近則此習稍改矣。惟仍尊敬印度教祭司婆羅門人。供奉之禮。不少衰。且於婚姻時。請婆羅門祭司。與回教祭司並行祝福。邇來二教界限。漸趨於嚴。印度教人無入回教之意。回教人亦然。且印度教人之對於回教徒。別爲一族。彼此不相通款曲。宗教之感化。亦無寶筏可渡。從可知印度教之爲教。似別有一社會制度。非若他教之有定例也。

論回教徒之有學問者

住居城鎮有學問之回教徒。則不甚受印度教習俗之影響。對待印度教人。亦不似鄉間之回教徒對待印度教人之和睦。各大城中。於回教所居之處。別爲一街。與印教人分道而馳。二教之祭司。（回回教稱爲傳道者）各以尋釁爲事。一旦相爭。頗難排解。城居之回教徒。於回教之史記回教經典。頗能通曉。非鄉間教徒可比。近世教育大興。回教徒於文字上亦有進步也。

回教徒不事擴張之故當於史記中求之

印度回教人之數。較在他處爲多。然從未力圖進行。有所改革。蓋在印度之回教徒。可分二派。大半爲回教之森乃 Sunni 派。以土耳其之沙爾登 Sultan 爲領袖神。餘則爲下亞 Shias 派。專事服從波斯 Persia 之教師爲主。回教徒不事擴充之故。必於史記中求之。印度自古至今。從未有一爲純粹回教地者。其間雖有回教皇族治理印度。如瑪霍 Mughal 帝國。然據特爾哈之寶座。殆二百年。然回教之勢力。亦不過在表面耳。人民處瑪霍帝威權之下。仍印度教人也。瑪霍帝國政柄。大半皆掌之於印度官長之手。惟瑪霍既爲回教帝國。國中似宜通行回教。即傳道者之心理。亦非使人民信奉回教不可。豈知瑪霍帝國則不然。所注意者。世界上之事耳。瑪霍始創者。倍巴氏。一時盡好勇鬬狠之徒。腦筋中無擴充回教觀念。嗣位者。亦不十分嚴守教中規則。及禮節。其中有愛克巴皇 Akbar 者。熱心家也。惜身爲回教徒。其熱心則殊不在回教。常思倡一普通教。代回教自立爲大祭司。俾印度教人與回教徒咸可併合。而信普通教。事未果。後亞倫敍 Aurangzeb 皇嗣位。竭力逼迫人民信奉回教。殘害異教之人。故時人稱之曰清眞回教徒。亞皇之意。非將瑪霍帝國改成一眞回教國不止。無如所謀不遂。徒遭人民怨恨。回教勢力非但不增。反因之渙散。瑪霍兵隊多半來自異地。與印人之改奉回教者。皆不能如印教人之高尚。進步極難。幸恃瑪霍爲回教國。可以相安無事。及至十八世紀。瑪霍將亡。印度大亂之際。羣雄紛起。大半志在刼掠。迨至英人掃清印土。復慶承平。回教徒無充要任者。英政府政治日進。有官職之回教徒。隕越是懼。不得不銷聲匿跡。於是有學問有經驗隨機應變之印度教人。起而承其乏矣。嗣後學院書院。日漸興辦。教授英文及泰西科學。從學者之回教人。又瞠乎印度教人之後矣。至一千八百五十七年。印度兵變之大風潮。震驚全印。推原其主動力。則以回教徒失勢怨憤所致。故甘冒斧鉞而猝起變亂

回教印度教相安無事之故

也。

維廉亨脫 Sir William Hunter 氏。一書論印度之回教人。吾人讀其書。知此問題。爲當時人所注重之言曰。『回教徒是否存心謀叛英皇耶。回教徒者爲英人在印勢力上之一大患。於英恆有二心』云云。近世士大夫則不作如是觀矣。蓋今昔情形。容有不同也。然則回教徒卒不爲英患。而臻近日美滿之效果者。果何故耶。曰厥有三大原因。(一)英屬印度政府改良回人教育。及予以參列公務之權。(二)回教團體中有識時務者。倡言維新。設立學校。以輸入歐西文明爲宗旨。且聲言英屬印度政府在印所行之政。公平寬大。允爲德政。此事漸播漸遠。回教自無仇視英政府之心矣。(三)回教徒見印度教之好勝心。及印度教政治家所提議。大半爲鞏固印教之勢力而然。加之一千九百零九年。明土 Lord Minto 及瑪萊 Lord Morley 兩勳爵所主張改良政策。使人民與政府之關係。愈形親密。回教徒益見印度教人在政府所有之勢力。與夫所處之地位。於是請願印政府承認回教徒爲另一團體。得以選派代表。參列議事會。代表全體回教徒之輿論。其所請願。政府初時不欲核准。卒之予以相當之位置。而回教徒至是亦滿厥意。雖然。來日方長。政治上之改革正未已也。回教徒之請願。為另一團體。何足怪哉。回教與印度教異點甚多。印度教人既隸於英政府。而回教徒更形孤立。不得不亦託庇於英屬印度政府之下。英國上議院宣讀英屬印度政府之報告册時。瑪萊 Lord Morley 勳爵起而言曰。回回教與印度教。不僅於所信道理。及教規上有異也。即二教之歷史。與生計及起居飲食。皆有不同之處。此吾人曲從回教徒請願之故也。立論亦卓有見地云。

印度古今事蹟考略　卷五

二十二

論局外人觀察印人生計之異同

印度古今事蹟考略卷六

第一章　印人生計之異點

印度人民。生計情形。有數種問題焉。而辯之者甚衆。一爲印度人民與英倫三島人民之比較。二爲印度人將日漸貧乏乎。抑日臻富庶乎。三爲印人處於今日政府之下。設日漸貧乏。或日趨富庶。其貧富之極度。當臻於何種地位乎。

然而以局外之人。觀察一國表面之情形。而論其人民之生計。極爲難事。英人弗力特利 Sir Frederick Trevis 氏。曾游遠東。其游記中論印度人民之衆。居家情形。僅足一飽。而不能臻於充足之境。又言印度國於大陸。如無家室者。然蓋印度固一貧乏困苦之鄉也。游記中又言荒村茅屋。毗連於寂寞荒涼之境。圍以泥池。環以土牆。自成一村。其悲慘之情。有令人目不忍覩者。若覩約翰司脫雷欠 Sir John Strachey 氏所著之印度進步論一書。則與弗力特利 Sir Frederick Treves 氏所言大異。約翰氏久居印度。於其情形頗稔。其言曰。英國居民。與印民比例。其困苦貧乏之狀。較印度人民爲尤甚。印度農人。所居之屋。潔淨而安適。章身之具。雖無鮮衣華服。不至過於藍縷。至其所食之物。其出産品。皆足以養欲給求。若小麥。若扁荳。若大麥。若米穀等。凡熱地所産者。一無欠缺。所喜飲之清奶油。則取給於所養之牛。或水牛之奶製之。菜蔬果物。亦無缺乏。他如淡巴菰蔗糖之類。靡不全備。印度人民恒喜以餘貲爲妻製銀飾珠寶。以爲貯蓄之計。則亦不失爲小康之戶云云。

以上二節所云各有獨到之處。然以英人視之。印度社會之生活。似覺簡陋。而無樂利豐足之景象。蓋近世文明日進。家庭之樂趣。有爲我人所習聞而熟見者。觀於印人之終歲耐勞。似覺樂趣恒少。實則印人非不文明進步。家庭之生計。亦非過艱。特其性質樸陋。習於勞苦也。

論公衆生活情形

個人生活之事。姑置不論。今試言其公衆上之生活情形。淺觀之。似有彼此不合符者。如人民所得之資。及其平常度日之狀。與歐人比例。誠低若不可名狀。兼之旱魃爲災。終年無雨。常求賑於人。此一説也。然印度與外國經營商務。日見增盛。所入利益日益加多。鐵路也。農務也。製造也。實業日漸振興。社會如是發達。居民生計不可謂不足。故飲食衣服。較前爲美。卽使偶遭荒歉。商業略有虧損。亦足贍養身家。此又

論印度農產物之盛

一說也。以上二說。歧異實甚。究有何術。方足洞澈底蘊歟。天下之事。粗言之則莫推其究竟。試進一境而論印度全境人民之數。爲三百十五兆。其間四分之三。皆恃耕種度日。其所耕之田。面積雖不能確知。然約略言之。全境人民。每口所耕。僅一畝之地。若在專務農業之處。則人民每口所耕者。爲一畝有餘。尙有一事。頗足注意。印度除糖質外。不須外國食物料進口。其土地所產。儘足贍養其民。不寧惟是。其所產之物。供給本國人民之外。尙足有餘以爲出口之物。如世界多數之國。所需苧蔴。皆取給於印。棉花次之。餘如米麥菜子出口者。亦屬不少。總之印度祗須以其田中產物出口之價。抵各國進口貨(輸入)之價。已屬有餘矣。印度農產物。於供給各國之外。所餘者不過每人每畝地三分之二之產物耳。然印度已足以每畝三分之二之出產。衣食其民。其全地出產數之大。已可想見。各國土地所產。恐無有駕乎印度土地之上者矣。究其所以能若是者。厥有三因。(一)土地大半肥美。或有雨水滋潤。或爲河道灌漑。(二)印度農人。熟悉耕種之道。且能孳孳不倦。以作田工。(三)民俗樸陋。需用之品甚省。抑又有言者。農人進款。以平均計之。爲數甚微。一畝田淨得之數。以吾人視之。何足以供一人之用。若以吾之家計之。大者三。小者二。竊恐以五畝之地所入。亦不足以餬其口。豈知印人五口之家。若得五畝腴田耕種。所產之物。儘足以養尊處優矣。蓋印度農人毋須出資倩人耕作。一切皆家中人自爲之。營造居室。自能工作。從不假手匠人。既無藉乎房租。更無煩乎納稅。惟其田畝須納地稅於國家。然地稅亦不過其所產十二分之一耳。至若農夫租田而耕。則應付租金。須倍於所納地稅之數。農夫出款。祇此而已。其他費用最大者。亦不過畜牧之資。及農具而已。不幸而牛斃。則農人視爲極失意之事。須百計彌補。或竟至借貸。然設有五畝腴田。合力耕種。其所產之數。足以供此項費用。且足以贍養家口。尚有餘資。可以置辦衣服。及其他家務應用之費。若農夫負米商之債。則欲使所產之物。償債務而供家用。誠非易事。若農夫不負債者。則尚足以積聚盧布(現錢)或購珠寶。或藏之家中密室云。

雖然。印度全地非盡肥美。非盡能有河道灌溉。而農家非盡有五畝之地耕種者也。有一家耕五畝以上者。亦有一家所耕不及五畝者。若使一家所耕不及五畝田土磽瘠。則景況艱。而餬口難矣。不僅歐人目爲貧乏。卽印人中亦視爲窮苦云。

論印度各村人民

有有田耕種之農人。亦有無田耕種之農人。專事傭作者。或以日計資。或以月計資。以餬口焉。生涯貧乏。不問可知。有田之農人。亦漠然視之。以爲貧富有命。毋須憐惜者也。故村落中除農夫外。尙有營他業之民。間接以受農夫之供給。如陶工也、鐵匠也、爲農人造犂鋤及其他農具之木匠也、理髮匠也、皮匠也、洗衣匠也、更夫也、皆爲村中農人工作。而於收穫禾麥時。得一定之酬値。以爲養者也。印度儉樸之風。各級人民皆然。非鄉村人民一方面之謂也。各村皆有廢疾、及鰥寡孤獨之人。以及貧乏不能自存者。甚至竊賊亦各歸各村。不相混淆。泰西諸國於廢疾者。特定章程。以公費養之。謂之慈善費。東方人則以爲宗教中應盡之義務。公家並不設法籌款以助之。況印度人民分門別戶。抱定族類階級主義。又無所謂慈善費者。此則與英國情形大相懸殊矣。其差強人意者。爲賑濟荒旱等大災之舉耳。

論印度鄉村之衞生情形

印度鄉村居民。於衞生一道。頗爲缺點。因之傷身戕命者甚多。而於嬰孩爲尤甚。有數種症候。在英國已爲化學藥料所能療治。而居民得以高枕無憂者。在印度則不然。印人遇此等疾病。則以爲無可救藥之症。卽如瘟疫中之黑死病。英人於第十四世紀中已能名之在印度則至今尙未得其療治之法也。近十四年中。印度之患此症而亡者。逾七兆人較倫敦全數人民尙多。其他如霍亂症。天花症。及各種瘴氣寒熱症。亦盛行於印。而印人因之傷生者。亦復不少。亦有重症。雖藥物所能療治。然非尋常藥物所能治者。歐洲藥物。皆由公立醫院。及藥房發售。國中藥房林立。病者均稱便焉。至於印度強半之民。患病至死。尙無藥物足以救治。然人數反增。一如生命之能力。勝於戕生之疫症者。噫、人民心理中之殷憂。宗教上之悲觀。緬彼印土。能無悵然。

論印度大地主權之所由來

印度各處村莊。風俗率皆類是。全數人民中十分之九。爲村居者。餘十分之一。居城鎭之中。印度之大城。屈指可數。其居民之數。逾二十萬。其中有沿海四城。爲英屬各省之都會。商務發達。故人數略多。又有四城。如特爾哈 Delhi 蘭藿 Lahore 勒克奴 Lucknow 亞美特巴 Ahmadabad 爲印度昔時之首都。尙有一城。曰倍奈司 Benares 則印度教之聖域也。在印度城市之居民。百分之九十。爲一萬人以上。在英則大異。其住居城市居民。百分之二十五。已達二十五萬以上。英國視農務不過爲七大實業中之一耳。從農業所得稅款。亦不如別項實業之多。印度大城。如孟買 Bombay 克爾克脫 Calcutta 等處自大地產租金所得之富源。已屬不貲。如印度北部之孟加拉 Bengal 省及亞格拉 Agra 五德 Oudh 聯省中有巨富擁地產數萬畝。所入之利。卽英人亦視爲鉅數。東方諸國地土爲國家世產。印度亦然。地主卽爲國家代理地土之人。儼然如國家之挾行政權。至於地主如何而能擁此巨產。試略言其概。地主中有先世曾爲貴族者。如今日蘇格蘭 Scotland 地主。以爲其先世曾爲蘇格蘭高原之族長。印度亦然。有先世於瑪霍 Mughad 帝國時。爲國家徵收地稅。歸於國庫。而國家卽以某處地土勞之。歸其收稅者。總之今日之印度地主。管理田畝之權所由來。皆如以上二節之所言。故其對於農夫一方面孳孳焉以擴張其勢力爲事。非比英國待地主之優厚。若處於本地政府之下。未能安享自然之樂利。今處於英國屬地政府之下。祇須以所收之半歸政府。而以其半自取。如在孟加拉 Bengal 省。則地主應納政府之地稅有一定之數。故地主推廣其地產之耕田。或加租戶之作價。所獲益多。而租戶嘗提倡反對田主所定章程之嚴酷。籲求政府設法維持。請政府限制地主。苛增田價。以取締地主。此事已爲英屬印度政府核准施行。從此各省地主。不得任意加增租田之價。俾得稍蘇民困云。

論印度古時之村莊留存至今之理由

印度之村莊俗尙。各分蹊徑。不相往來。有農夫也、有工藝也、以及米商之放債也、官長之治理也、各村中均不混合。儼然各爲其事。至公田公地之分派。耕種亦無參差。其風俗久爲有識之士所討論。且其迭經變亂。而仍能守其故常。不稍改變。果何由而臻是耶。偕利梅克夫 Sir Charles Metcalfe 氏著名管理印度者也。於一千八百零三年著一書。論印度村莊團體事。有云印度大地。皆有滄桑之感。而村落之制。竟如魯殿靈光。巍然獨存。印度人也、阿富汗人也、瑪霍 Mughal 人也、瑪拉太 Maratha 人也、薛克 Sikh 人也、英人也、革命數次。朝代屢易。而印度之村落制度。依然無恙。此何故耶。蓋各村之民。每遇亂世。彼等閉關自守。若遇敵兵過境。乃收集所牧之畜。閉門而待。不相衝犯。卒使亂衆無釁可尋。相率引去。不幸而爲亂衆刦掠。勢不能敵。則棄家而遁。匿於友善之村落中。事平。仍返原處。各歸本業。如是者經無數之危難。卒能各奮其智力。以衛其身家而保先人之遺業。至於今日。印度人民因之少罹兵革之禍。享自由之福者。不可謂非幸事也云云。然村落既能歷久不變。則今日之村落。卽古時村落之小影也。古時一家之中。家長管之。其後漸次張大。而成家族。選族中體面之人。爲之治理。其子孫承襲而治。漸擴張而成一村。摩禮遜 Sir Theodore Morison 氏、言印度村落之異點。見之於別國。古時法國村落。各團體所輸法皇之稅。村人皆應負責。其數由村中分別認出。每村亦有村中更夫牧人等。村人以每人所進之款爲比例。以酬勞此輩云。印度古時。人民窮苦。交往不便。散處各地。因之聚成村落。民各就業。以圖自立。爾時人民。處於政府之下。無行車之路。無售物之市場。人民行旅。又極艱險。兵革遍野。全國紛擾。道路又無巡警保護。各村孤立。所需服役以及勞動工人。皆須以村中人當之。人民既散居於各村。則分派工作之能力。卽爲減色。歐洲各國古時情形。雖與此相同。然一百五十年前。已改革盡矣。印度於十九世紀之中。始漸改其村落之制。五十年前尙無康莊大道。以運貨物。近三十年來。印度境內鐵道已密布矣。然村落之制。至今尙未能全然消滅。非比歐洲各國聚村而居之俗尚早已變革也。摩利遜 Sir Theodore Morison 氏又言。現今英人所居之城。人民生活日用之品。專恃互易。各種實業。彼此互爲交通。古時治法。則村自爲村。孤立無援。不啻爲今日實業中之單位而已云云。吾人習知英國一部份之鐵道。設或同盟罷工。只須三日。英國之工業必痲木不靈矣。印度則尚無慮及此。卽使各鐵道同時罷工。至一月之久。未必損及村落團體之一絲云。

印度昔時荒歉時之情形

今試言印度荒歉之事。印度爲農業之國。全恃農業所產。以供生活。農人若遇荒歉。則又不能改作。以補救之。故昔時每區荒歉。全國爲之震動。印度農業。如前章所論。專恃季候風。蓋因季候風吹降之雨水。足以灌漑農田也。有時雨水不足。有時竟無雨水。有時受災之處。祇一隅之地。有時雖蔓延極廣。然從未有印度全地普受其災者。此事頗關緊要。夫印度全地。既不至同時受災。則酌盈劑虛。加以上年所餘。尚可支持人民一年之食用。若言古時。則不然。人民散居。村莊零落。彼此不相連接。若遇荒歉。則震驚不可名狀。村中富有者。尚可以耕之餘糧。苟延殘喘。若無所積蓄。一遇此災。勢必輾轉於溝壑之中矣。吾人查閱近三百年荒歉之冊。則知人民之沈淪於飢寒中者。不可勝計也。

鐵道運河之利益

近年印度荒歉時之驚慌。較前大減。荒歉二字。習聞嘗見。誠爲一口頭禪。蓋近年之所謂荒歉。不過旱荒。農人失業。生活爲難。食物昂貴而已。非若從前一語荒歉。人民即因之餓莩也。然則何由而臻此哉。此又不可不歸功於英屬印政府治印政策之美善。何則。近四十年來。英屬印政府。一意經營鐵道事業。開濬運河。考其已竣工之鐵道。已達三萬一千英里。地土之有河道可以灌溉農田者。達二十三兆畝數。以上所言之鐵道運河。有利於國。良非淺鮮。故印度或遇旱荒。則凡爲經過河道滋潤之區。可以無慮矣。蓋遭旱災之地。田中自無所收穫。然未曾遇災各地。出產如故。調盈劑虛。恃鐵道之利便也。今日一有災象。英屬印政府利用鐵道運河之益。馳赴災區施賑。且多開工廠。使受災之處。人民年壯者。皆可入內作工。以爲急賑之計。而年老無力或有殘疾。或爲小孩。則施糧賑之。自不致餓莩相屬耳。其他印度各省。仿此辦理。其成績均載在賑册。册中所載荒歉時各種施濟條例。詳盡靡遺。但需款甚距。有多至二三兆金鎊者。惟近年來辦賑款項。皆由政府籌集。預備不時之需。名曰拯濟

印人戶口生計之發展

費。一如英國之慈善費。亦名荒歉保險款。蓋每年籌集。以濟荒歉時之要需云。如此則印度人民可無復受荒歉之慘刼矣。然因荒歉而所受財產上之損失。仍不免也。歉收之年。米價必漲。貧民雖不至因之餓死。然數米而炊。已相率受苦。不過非比昔時之流離分散而已。猶可補救者。如一省中此次所受荒歉之害。來歲若遇豐，年。卽不難彌補。居民處於印度政府之下。饑饉恆爲減少人口之一原因。今處於英屬政府之下。兵革久息。饑饉漸殺。然則人口將加增乎。曰近三十年中。印土人民統計算之。已增百分之二十。（五十兆有餘）目今印度人數。已達三百十五兆云。然照印度現時工業形勢。則人口增加無已。殊有人滿之患。蓋印度人民生計。不能若歐洲工業發達之點。而徒加增人口。豈不可危。然統觀古今之形勢。則印度近年人民之生計。較三十年前時。已大進步。印度政府之鐵道運河政策。不但能補救荒歉。且能增其出產之力。如本佳 Punjab 省。有數兆田畝。素爲季候風能力所不及。而荒蕪之象。一如沙漠之鄉。今則運河錯雜。數兆里面積之荒地。一易而爲上等肥美之區矣。不寧惟是。鐵道開通以來。商場大盛。農人稱便。蓋得以交通貨物也。其餘各省。

咸倣本佳省之辦法。開濬運河。使荒地而亦成爲沃壤者。比比皆是。故印度人口雖增。其地所產之數。不僅足以贍養其民。且能以盈餘者運往各國。輸出之數。雖多少不一。然平均計之。每年出口貨物。如五穀菜子絲貨等所值亦約在一百兆金鎊以上云。

印人生計較前富裕

印度於工業改良一事。甫有萌芽。農業則大有進步。古時村莊四分五裂。散布各處。不相往還。今則日漸進步。大有守望相助之勢。將來於實業上合羣策羣力。大加擴張。則漸入萬國交通之新潮流。誠爲易事。說者謂改革之時。不無危險之處。然而害少利多。以現象觀之。人民之欲求職業者。較前爲易。印度沿海各處。及內地著名大城。礦務、農務。漸次振興。工業中如金礦、煤礦、棉花業、茶業、及茄菲業等。亦日形發達。故一切工作。隨在需人。全國中無論如何人。或有一長足錄。皆可傭力而得善價。十年以前。印度北部田中作工之人。每日祗得二辦士之工資。今則倍之。有數處之工人工資竟可得三倍也。若夫靈敏機巧之鐵匠、木匠。則更無論矣。如上所言。凡悉印度國情者。類能道之也。

縱觀以上情形。則所謂三問題者。可以解決矣。印人之生計。較歐洲人爲低。所處境遇。前後不同。由貧困而漸形寬裕。固已大異於前矣。蓋印人自處於英屬印度政府之下。生機活潑。有如出水火而登衽席者。且長此以往。農皆戴德。士盡橫經。豐富之地位。正未有艾也。豈非印度人民之幸福也哉。

（第六章完）

印度古今事蹟考略卷七

第七章　英屬印度政府

論英屬印度政府之權限

英屬印度政府。附屬英皇之政府也。其權力由英議院核定。有一定之限制。卽總督亦不得違抗。直可名之曰支政府。支政府無治理全權。須受他人節制。故論者每不以國家目之。因其無自治之害也。然印度大地。紛紛擾擾。歷數世紀。本無國家之可言。七百年來。或被異族入主。或印度各族。自相紛爭。屢分屢併。幾如五代之興替。人民又分門別戶。不相聯絡。誠爲世界僅有之事。自瑪霍帝國發見干戈少戢。曾幾何時。又四分五裂。瑪霍將帥叛據各處。印度教各族。亦乘隙蠭起。逐鹿印土。人民罹兵革之禍者。又不知凡幾。迨至英人入印。掃蕩羣雄。建設政府以來。屢次改革。利國利民。於政治上。力圖整頓。嵩嵩之民。久遭兵燹。佇望承平。見夫英人在印之政策優美。靡不極意歡迎。樂於就範。印度皇族以次。咸稱英屬印度政府爲完善之政府。由是印人於英屬政府。日形密切。每會議公益事件。在政府亦准印人與聞。且量材任職。一視同仁。迄至今日。政府各級官長。印人尚佔大多數。卽此一端。可知英屬印度政府。雖名之曰國家自治政府。亦無不可。

印度英屬政府之發展

英屬印度政府之發展。爲歷來政治上未經見之異彩。一千八百五十八年、英議院決議。在印之政府。由東印度公司。移歸英皇治理。是年十二月一號。英女皇維多利亞 Queen Victoria 所頒於印人之諭旨。其中詳言英國治印之各大綱。至今印人留爲記念。竟視爲印度之瑪瑢納卡泰 Magna Carta 合同云。然吾人若僅以諭旨而論。不察已往之情形。雖能略知英屬印度政府之梗概。及一二興革之處。究不能悉窮其原委。更無解於英皇將海外屬地之政治權。移歸於己之所以然。維多利亞諭旨中不嘗言之乎。朕因議院之勸告。印度政府歸皇族治理。任命東印度公司爲朕代理云云。噫此何意耶。以一營業性質之公司。而爲英皇代理如許之土地。果何以臻此耶。

英屬印度政府之改革

信任二字。其義甚廣。有時竟用以爲口頭之禪。十八世紀之中。英國人民及議院。如夢初覺。見夫東印度公司在印。據有大地。發號施令。一如王者。練兵征伐。議和之權皆屬之公司。公司之威權太濫。未免事事專擅。且也公司中陳請英國政府允准。將公司在印所得之利益。爲公司私產。初時英議院駁斥之文。未曾公布。但令公司每年貢獻政府。英金四十萬鎊而已。未幾公司在印所辦之事。頓失効力。因彼時印度適有大亂。公司在印之權力漸不穩固。且債務山積。乃復陳請英政府。以求根本上改革云云。議院中聚議對付方法。以諾司 Lord North 勳爵所提出者爲最妥。乃須行之。時一千七百七十三年也、諾司氏之議案。乃復行組織公司爲印度之行政機關。設總督於孟加拉 Bengal 省。議事會亦駐該處。並設大理院於克爾克脫。Calcutta 此條例中、似承認公司在印所得土地。爲國際上之責任。至於應爲公司私產。抑屬政府公產。則未疏析分明。暫許公司以土地之利益及其稅餉而已。條例甫頒。而首任總督者、爲華崙海司丁 Warren Hastings 氏。華崙海司丁氏受任以來。與議會及大理院。時有齟齬。又因其時印度全境不靖。盜賊四起。海司丁氏遂與瑪拉太 Mabratta 人及其他印度土邦。連年爭戰。英議院得海司丁報告。英國黨爭遂起。彈劾海司丁氏之專擅。維新守舊二黨。均謂公司中有王者權力。尾大不掉。誠足爲英國之患。宜改組之。然二黨相爭所持改革之方。各不相同。甲派以爲公司在印之權勢。全應剷奪而印度政府。及一切責任。應同隸英國政府之下。乙派則主張仍選公司中人治理印度之事。而隸屬於英國政府。乙派主張者。卒爲英首相彼特 Pitt 所採用。而於一千七百八十四年頒行焉。

論彼特氏之雙方政府

彼特所頒條例。爲雙方政府。自頒行後至一千八百五十八年。印度治理權。移歸英皇直接管理時。其間小有改動。大端則否。因其條例之妥愜。故能持久耳。雙方政府。乃條例中最要之點。卽公司實權移於英皇是也。公司中人雖仍被委任治理印度。然要務須由英皇判決。選舉董事。仍由公司舉行。惟如選舉印度總督。及孟加拉巡撫。瑪德拉司巡撫。並駐印軍隊之統帥。皆須由英皇贊成。方可定選。且英廷又組織一部。名曰治理部。予以治印之實權。部設軍機大臣祕密員六人。中有領袖軍機一人。名爲部長。實權皆掌之於部長。其餘部員。略備顧問而已。印度移來公文。皆歸部董理之。總理院行文印政府。施行號令。非經部中贊許不可。至部中所擬條例。得以直達總理院。使轉行於印。不特此也。部中送往印度政府公文。或印度政府咨行部中公文。上有祕密二字者。部中得以自行開拆。不必宣布於總理院云。按照此例。則

東印度公司之商業性質於一千八百三十三年取消

印度謀叛事平後印政移歸英皇直接治理

印度政府行政實權。皆歸英廷與英議院統轄。一切政策。先由英政府議院訂定後。歸公司執行。由是以觀。雖印度總督亦無全權也矣。

自一千七百八十四年頒行彼特 Pitt 氏條例後。東印度公司。可稱以代理英皇名義。治理印度。然當時並不遽用此名義也。直至一千八百三十三年。議院頒行之條例中。將公司商業性質取消後。則純然一代理政府之地位。而始用此名義矣。彼特條例。仍以總督及其議會爲行政長官。且使總督遇緊要時。有駕馭議會之權。總督之於議會。得以更訂一切制度法律。雖然、初時並不稱法律。但稱之曰章程而已。迨後則一如議政院之稱爲條例云。

雙方政治既如是組織。欲其改爲英皇直接管理之獨一政府。至易易也。當印度謀變事平後。英皇既直接管理印度。卽以印度向有之國務大臣充治理部部長之職。又另設議事會。以輔助之。議事會會員。卽代總理院之責。至於印度行政團體。則並不更變。總督仍舊也。總督爲英議院委任。亦仍舊也。此次改革。似爲精神上之改革。於形式上無甚關係。愛德華皇 King Edward 諭旨中。有謂此次改革維新。印度政府將愈形鞏固云云。蓋自宣布直接管理政策以來。印度皇族平民。與英皇之關係。愈形親密。印人自有之權利。英政府仍力爲保護。至其宗教風俗。聽印人自便。不加壓制。卽設官分職。亦視乎印人之才智。毫無畛域於其間云。

西歷一千八百五十八年與今日之異同

自一千八百五十八年大改革以來。政策屢變。然其重要處。仍不變。所改之故。厥有三因。一因事務日繁。二因將中央政府之權。散於各部。使印度人民於政治上之位置較廣。駐印之中央政府。卽總督議會。或言印度政府。所以別印度本土政府也。西歷一千八百五十八年、議會中通常議員。祗四名。駐印兵隊統帥。卽爲第五議員。或言特別議院。後因事務日增。於是通常議員。加至六名。然所改者。尚不至此也。一千八百五十八年議員合併辦事。今則除緊要事件。由總督在議會聚議外。餘則各議員分門別戶。各辦各事。此等政治。實爲內閣分部政治。自在印建設以來。成績優美。輿頌交作。於政治上各有專職。所謂事半功倍也。

論印度立法部之緣起及其界限

總督立法部之設。乃性質上之改革。最爲緊要。夫爲印度定律法者。英議院也。然英議院所定者。大綱而已。大綱既定。在印之立法部。宜照其大綱。詳細編列。呈請英皇核准後。方可執行。然立法部應如何組織細目。頗爲一極難問題。若仰體英議院之意旨。以定條例。則恐不滿於印度之輿論。若探輿論之從違。以定條例。則又恐不滿於英議院。一千八百六十一年。英議院始試行召集評議會。立法之事。悉付議決。於是立法部之基礎定矣。英議院所定條例中。准駐印總督與其部下行政長官。遵照特別條件。得以在印組織一立法部。再如總督與議會立法時。須增議員十二名。專爲立法而設。十二名中。有半數須選自民間。不任官職。亦英議院原訂條目中之一也。當時甫經萌芽。至今則成爲大有力之議會矣。現總督與立法部議員有六十六人。內三十名。爲無官職者。彼等或爲選舉團體所選。或爲各界之代表。現今之立法部。不僅編訂律法已也。至於討論每年預算册中之事。及如何佈置之法。立法部議員。得以隨時詰問行政部。若遇公益之事。彼等得以力爭。請加入預算册中。且撥款以助公益事之進行。立法部於行政事實上。必與政府互相聯絡。然立法部大類評議院。遇有事件。必反覆駁辯。並非有意與行政機關爲難。不過互相討論。以冀完善耳。會議時立法部員與行政職官。必加意研求。所以政府應行之事。討論愈多。方能達於完善無疑。政府若辦事精當。所持政見。即不懼此輩評駁云。前二年所定條約。〔即瑪萊勳爵所定印度議會條例、由英議院於一千九百零九年頒行〕於討論政見及其他諸務。頗稱滿意。議會擴充。行政官與人民因之愈相密切。人民利弊。洞見本原矣。印度之立法部。究非英議院也。不過受英議院之委任耳。故權力亦爲英議院所限定。立法部不能撤換行政長官。不能停止補助。亦不能使固執其所提議者。徵諸實行。不過代表民間之輿論。於公益事上有轉圜之力耳。國家之律法。可以裁制之。且能提議設立新律。以補助社會之進行。邇來有一事極有効果。部中有過霍 Gokhale 氏者。印度國際派中之領袖也。提議施行強迫教育。現已通過。將次進行矣。今者過霍 Gokhale 氏已告退。而派中名著作家。遍游通國。立論著說。隨處開會。勸告人民。冀達其目的。使人民皆知其法之有益於民。如近世各國之熱心者所爲。故印度今日於公益之事。進步甚速云。

英屬印度政府之治法

英屬印度政府。執印度行政之權。其治法有二。國中有數部之事。印度政府。自行掌管。直接治理。其餘由印度政府設官分治。而印度政府爲總機關。監察之也。除軍隊邊防外交財政。以及鐵路郵電等務。由印度政府直接掌理。其餘地方內政。則由地方長官掌之。一千八百三十三年。英屬印度分爲三省。曰孟加拉 Bengal 曰瑪德拉司 Madras 曰孟買 Bombay 是也。印度總督駐節孟加拉省與其議事會。有統轄孟加拉省及其他各省之權。今則英屬印度政府連瑪德拉司 Madras 及孟買有八要省治之支政府。然二邊防使尚不在內。瑪德拉司及孟買歸英廷所委之巡撫及三行政官掌理。孟加拉省。則由副巡撫與二行政官掌理。其餘四省。如本佳省、亞格拉五德 United Provinces of Agra and Oudh 聯合省。東孟加拉 Eastern Bengal 及阿撒姆 Assam 省、與緬甸 Burma 省是也。四省由副巡撫一人治理。無行政議會以輔助之也。以上七省。每省有立法部。仿總督立法部而組織者。立法部關於省內之政務。及財政。皆有評駁之權。省議會人數甚多。議員大半無官職。而爲各界之代表。並得於省治範圍。制定法律。或爲省中教育團體之首領。由是觀之。治理印度。中央政府（卽總督及其議事會）之外。尚有支政府。以理地方民事。支政府亦受中央政府節制。然則印度儼如一洲。蓋幅員太廣。不得不如此也。若坎拿大 Canada 屬地各省之治法。及澳大利亞英屬地治法則不然。坎拿大各省。及澳大利亞各屬地。其行政範圍。悉由英議院限定。英議院又頒行條例以助其進行。使各屬省。彼此聯合。其辦法皆根於法律上之條例。不能更改。至於治印度之辦法。並無法律命令以限定各支政府。蓋印度政府。乃統一政府。非聯合政府也。其地方政府。不過爲印度中央政府之代表。權力亦受之於印度中央政府。然印度中央政府之於各支政府。究非朝三暮四。使各支政府之權。隨得隨失。今日享自由明日受牽制。蓋英國政府。與印度中央政府。深願分中央之權於各支政府。俾得便宜行事。故各地方政府權力。漸次擴張。無一定不易之律例以牽制之。故一有差謬。卽可彌補。不致啓政治上之爭端。則進行自易矣。

財政之支配

中央政府。與各省支政府之治法。旣如以上所述矣。試再言財政之支配。夫英屬印度之稅餉。有由各省政府徵收。有由中央政府徵收。然總歸之於戶部。大約之數。每年爲七十六兆金鎊。其中三分之一〔二十六兆金鎊〕歸各省政府之用。茲將印度中央政府。與各省政府應收稅銀。分列如下。　稅有數項。各省政府祇能取其一半者有數項。全歸中央政府。收作行政之費者。〔如海關稅鐵道稅鴉片稅郵政稅電報稅〕有數項收入後由中央政府與各省政府均分者〔如各土地稅進口稅印花稅等是也〕以上卽英屬印度政府徵收稅餉。支配各省行政費之大略情形也。至於各省用途由各省自行管理云。要而言之。各省支政府。以所收應得之稅銀。爲各該省內政之經費。善用其款。作爲有益之事。爲行政官應盡之責任云爾。

各省政府與其居民之關係

居民與各省政府之關係。較之中央政府爲密切。蓋各省政府設官分職。凡行政官吏司法官吏皆賴以給用。醫士、醫院、藥房亦由各省政府支給。造路、築橋、水火、溝渠諸工。亦由各省政府興辦。糾察之官。所以稽察官吏品行勤惰。俸糈亦由政府支出。故以表面論之。與人民關係頗切者中央政府耳。實則印度人民反託於於各省支政府之下。至各省所設之立法部。於省中所收稅銀。有監視之權。將其大半。輸送中央政府。以爲邊防經費。並討論省中之預算。將餘款興辦各種公益事務。至於中央政府用款。各省中立法部不得過問。然中央政府對待各省。如有不公之處。各該省立法部。得以詰問。故近世印度各省。公益事務發展甚速。不獨於財政一端見之也。

分縣而治

管轄印度。尚有一異點。卽分縣是也。縣爲親民之官。省各分縣。每縣大小。與英國之大州相仿。約翰司脫來劍 John Strachey 氏、嘗有言曰。在印度有少數異國人〔指英人〕組織之專制政府。異國人程度文化之高。較印度人不啻天壤。然欲使官吏之位置穩固。政事完善。則須有大權在握方可。所以非中央集權不得也。是故英屬地各縣。由政府委員治理。各縣行政之權屬焉。各縣主政者。名曰縣令。兼充收稅員。凡爲縣令者。皆印度之文職官員。受政府薪俸者也。一縣之中。令爲長。其責在於治理民事。使民安居樂業。循守法度。有數省之縣令。竟有兼管警察之權。縣衙監獄。皆在縣令掌握。至於縣令有兼收稅員之官稱。與英國收稅員大異。英國之收稅員。不過一徵末之職。收聚捐稅而已。在印度之收稅員。卽一縣之長。其職由縣令兼理。印度收稅員之名稱。始於東印度公司。公司在印初盛時代。克拉夫 Clive 氏華崙海司丁 Warren Hastings 氏。相繼爲公司總理。其時孟加拉 Bengal 收稅權。則割與公司。其餘各省。尚不在公司勢力範圍之內。仍歸印人管理。是故公司派人徵收孟加拉之稅餉。名曰收稅員。收稅之外。一無事事。其後省中行政權。亦歸公司治理。

而收稅員之責任遂大矣。各縣收稅員。除收稅外。縣內行政之權。亦歸掌理。若夫警政路政農政。以及民情風俗。地方公益。并考察縣中胥吏及鄉邑議員之勤惰等事。亦皆縣令兼收稅員之責任也。縣屬於省。省會政府。有監察各縣令之權。以該縣民事。及應興應革等事。悉以委諸縣令。識者謂英屬印度政府之能有優美結果。全恃各縣令之能潔身自好。奉公守法耳。

論英屬印度政府在印所辦之事業

英屬印度政府在印應辦之事。較在本國者爲多。蓋英人初得印度時。不過一荒僻之鄉。城中又無馬路、船塢港口、運河、醫院、學校、書院、報館、印字館、及其他文明之事業。皆爲人意想所不及者。且無款興辦。自英人治理印度以來。以上各事。逐漸舉行。初則創辦一森林。種鶯粟。興鹽政。築鐵道。凡鐵道所經之地。及運河一帶。均創立郵局電報。並印發鈔票。得以專利。如有影射者。均爲無効。且處以相當之罪。遇有財政困難時。政府得暫向銀行借款。以濟急需。再英屬印度政府。與英首相核議。得以將此後印度銀行中幣制。流通於世界各國。俾推行無阻。政府得將餘款出借於城市鄉鎮議會。及產主農人之權。又定地稅收徵規則。調查田地。註之於冊。集田畝之多寡。田主之姓名籍貫。每年所產五穀之數。及應納收餉若干。條例井然。又嚴定地主與租戶間之規約。以保護租戶。不使爲田主欺壓。並爲民間辦理錢債交涉。在本佳 Punjab 省及有數處地方政府。又必嚴禁農人將田地轉售。或質於非農業中人。此外如地方巡警衛生施醫各事。皆屬政府辦理。至於偶遇荒歉。政府又須籌款賑濟云。

英屬印度政府辦事員之衆

政府所管事項若是之多。設職既分。用人亦多。辦理地方公務之人。據調查戶口者報告。已達三兆。大都爲末職。如村長、巡查員等。至於高級官吏。爲數亦衆。最高之職。不任用印人。其餘則英印並用。近來則雖高級官職。亦任印人云云。一千九百零三年、統計官員位置。有二萬八千之多。每員薪俸每年在六十金鎊以上。其中祗有六千五百人爲歐人。餘皆印人。印人爲官長之多。可以類推矣。印度文職官員一千二百五十名之中。有六十五名爲印人。各高級刑事院之承審按察司中。必有一員爲印人。印度總督之行政議會。及孟買 Bombay 省瑪德拉司 Madras 省孟加拉省之議會。會員中必有一印人當之。如以上所述。則英屬印度政府。漸次擴充。亦漸次

法律之沿革

以印人治印度矣。然則歐洲人於印度之勢力。果何若耶。不知者以爲歐洲人較遜於曩時矣。曰非也。印人之任職官者雖繁。彼等亦必須按歐人之法。以行其政。則印人所行者。亦歐法也。況要職皆印人材力所不勝。仍須仰賴於英人乎。

今試略言通行於印度及法廷之律法。蓋歐洲憲法。與歐人之法律。能否通行於印度。此問題必須研究。印度自屬英以來。法廷之歷史。約略可記。初時英國在孟加拉省設立審判院。以印度土律尙可採用。於是定律之時。將回教犯罪律。與印度土律。參酌並用。至於民情案件。則以其人所屬何等族級。而照其族中之常規判斷之。蓋印度常例。凡人或因族中習俗而犯罪案。不得據以定罪。卽付之不論不議。英審判院。亦時或採用之。於是土人之以人爲祭。溺女之風。焚死寡婦。活埋瘋人等。初皆不以爲罪。然惡俗爲歐人所疾視。故審判院將土律中最惡劣者。漸次取消。至一千八百二十九年。始定焚死寡婦爲有罪。然彼時尙未能徵諸實行。至一千八百六十二年。始通行焉。至是審判院乃仿照歐洲之法。以定法律。故印人不覺視法律爲畏途。一舉一動。不如前此之自由矣。然尋常民事。凡關於族級與宗教上之風俗。如回教徒休妻之例。與印教人多妻主義。於法律上亦所不問。夫泰西人文化之高。與東方人本絕不相類。祇以此等習俗。深印入東方人士腦中。新政府故無從設法以移其俗也。至初時之審判院規則。確未盡善。如訟費也、律師費也、値役之傳提需索也、案件之積壓時日也、皆足爲貧苦小民之累。各國審判院、未必果皆弊絕風淸。而於印度爲尤甚。如按察司承審員之貪利弄法。尤數數見。自律法改良。近年來印度按察司承審員中。亦漸次洗心革面。潔己奉公。印度人公益思想之發展。亦於此可見。考其所以能至此者。係新教育之推廣。新律法之美善。與夫歐洲廉潔之風。潛移而默化也。不寧惟是。且官俸之豐足。養老費之預備。職任之穩固。賞罰黜涉之公平。亦與有力焉。縱觀此章所論。則英人治理印度之政策。固無美不臻。所以能蒸蒸日上耳。

印度古今事蹟考略卷八

第八章　印度土邦

印度全地區分爲二

治理印度政策至緊要者曰印度全地之區分是也。全地區分爲二。一曰英屬印度政府。一曰印度土邦。英屬印度者。即由英皇委任駐印總督。與其議事會直接管理之地也。凡英屬印度之外各地。由本地王族治理。而非受英皇直接管轄者。即印度土邦是也。然管理印度土邦各主。皆受總督節制。權力自亞於英皇所委之總督。一如附庸之主。雖然、印度全地。固全在英皇勢力範圍之中。不過有直接間接之分耳。

行政區別

印度全地。同隸於英皇之下。既有直接間接管轄之分。於是行政亦莫不有區別矣。英屬印度立法部所訂法律。僅適用於英屬印度。而不宜於各土邦。土邦人民不入於英屬人民之列。是故英屬印度之審判院。不能以其法律而判斷土邦人民之案。於此可見印度大地中。有一異點。英政府與各土邦竟如不相干涉然。實則同隸於一人權力之下也。

英屬印度與各土邦雖有直接間接之分。然吾人討論印度問題時。常有統論印度大地之意。似相忘於直接間接之區別者。辯論時以爲印度全地。不啻皆爲英皇直接管轄。而以駐印總督及英政府之威力。竟可使議決之件。通行全境。近時印人中有反對出產鴉片者。討論訂定商律。由英屬印政府議決後。通行全國。以禁之。不知出產鴉片之地。大半皆土邦所轄者。土邦之事。英屬印度政府概不干涉之也。又如改革者流。不知印度各土邦之情形。貿然提議改良政治。所議事件。雖適用於印。然各土邦內容。總不能洞澈。則條議中恐終有障礙之處。蓋彼等於各土邦之歷史之遺跡。及英屬印度政府所畀各土邦主之利益。均茫然不知也。

各土邦幅員之廣狹及治法之互異

土邦所佔面積。爲印度全地三分之一。人民約七十七兆。版圖之寥廓若是。而土邦之存留至今者。勢力如前。或疑其有欺朦英屬印度政府者。實則無能爲役也。各土邦疆域大小有殊。文化不同。人民邦主間之品格互異。邦政之性質又不一。有與英屬印度政府訂有條約者。有享獨立內政權者。有受英屬印度政府節制者。然照常例而言、土邦之大者。恆不甚爲英所干預。在孟買Bombay省小土邦甚多。每邦之地。不過一二村落耳。在新拉Simla 山麓之鄉。亦有此等小邦。邦主臨民。一如王者。然而所行各事。由英屬印政府另設長官。爲各小邦主之監督。新拉盛傳一事。頗足解頤。一日監督巡行時。遇有某邦中行刑者數輩。以一匙授監督。致詞曰。『吾等已將某邦主廢卻。囚之於一室。此卽室門上之匙也。請示善後辦法。』其廢置邦主。如同兒戲。實所罕聞。雖然。此土邦中之小焉者耳。若夫土邦之大者。面積可與歐洲小國相伯仲。如哈德雷比 Hyderabad 邦、與卡司滿 Kashmir 邦。邦中之大者也。每邦土地。與意大利相埒。哈德雷比邦居民。約十二兆人。他如瑪沙 Mysore 邦、約六兆人。若郭李亞 Gwalior 邦、德雷文告 Travancore 邦、則每省約三兆人。勃羅特 Baroda 邦、橋泮 Jodhpur 邦、各一兆有餘。此外土邦人民。每邦自一兆至二兆人不等。此等土邦之政治。有全仿英屬印度之治法者。有半似者。彼此不一。大約言之。每邦有一首相。在回教各土邦。稱首相爲緯扇 Wazir 在印度教之土邦。則稱爲泰王 Diwan 各邦除首相之外。又設各部部長。及大理院院長等官。官員中亦有以英屬印度各省官員中之印人充當。此等人素有政治上之新智識。一旦選爲部長。其所發政見。類仿英人。於是所治各邦政治。竟有與英屬印度政府相彷彿。一切刑律。亦模仿英屬印度政府各處又發起代表會。以研究邦事。雖然、代表人之勢力。不得行至遠處。在瑪沙 Mysore 邦及德雷文告 Travancore 代表團。每年召集。以數日爲限。召集時、首相蒞會演說。代表團得以討論邦事。數日後卽行解散。每年如是。若勃羅特 Baroda 邦。則甫在組織立法部。雖然、各土邦之大權。皆各邦主專主之。邦中人民無權以干涉之也。雷波 Rajput 人土邦中、爲邦主者。皆雷波 (Rajput) 各族之長也。爲官長者。皆邦主之親戚故舊也。是故邦主之權。稍分於各官長之手。邦主雖設官分理國事。然邦主卽邦。邦卽邦主。任免官職。惟其己意。或取消官職。兼併自理。亦無不可。土邦中英明之主。於邦中政務。皆在一己掌握之中。樂行仁政。是故聰明仁聖者在上。每以治國家爲樂事。號令所至。無有反對者。又無人能廢立之。而另易新主。以及擁兵背叛者。所謂邦有道。則政不在大夫。斯亦近之矣。

論今日之土邦

雖然。土邦何以能生存於近世印度耶。印度大地。英國實握全權。何得再有土邦錯列其間耶。蓋土邦相傳甚久。似爲古時各族社會所變成者。果爾其得以保存至今之理。果安在乎。以上諸問題。似不難解決。嘗閱阿爾弗利勞屋爾 Sir Alfred Lyall

所著印度之英屬地一書中有云。英屬地之印度。分省錯雜。封建食邑。棋布星羅。有為英人威力所征服。有自願歸投於英者。日積月增。至於如是現象。大約言之。凡為英人武力所征服者。即今之英屬印度是也。凡甘自屈服於英人權力之下者。即目今印度各土邦是也云云。雖然、此說亦有不盡然處。間有數邦。初時甘心就範與英訂約。未幾因有他故。即為英吞併。例如在南瑙潘 Nagpur 之瑪拉太邦、Mahratta 邦主薨後、無子嗣。於一千八百五十三年、併入英屬印度版圖中。又如五德 Oudh 邦之王、失德殃民。英人於一千八百五十六年廢之。以併其地。此甘心屈服而被併吞者也。亦有數土邦之主。初時為英征服而吞併。其他後因政治上之障礙。使仍為土邦之主。而存留至今。其中最著者。為瑪沙 Mysore 邦。瑪沙邦本為印度皇族所管轄。至十八世紀初年。為回回教徒所覆。自立為王。據其地而稱雄也。回王屢與東印度公司及其鄰近之邦構戰禍。王薨後。其子名鐵布沙登。Tipu Sultan 繼立為王。承先人餘訓。與法人聯合。為東印度公司之勁敵。而擾亂印度南部者。垂三十載。至一千七百九十九年、鐵布沙登 (Tipu Sultan) 敗死。其地即歸英有。英人憫瑪

土邦之得生存於印大半出於英人之賜

沙（Mysore）邦舊主印度皇族之無故被廢也。乃使之復主邦政。而瑪沙之尙存於今日者。英人之賜也。此卽初時征服吞併而後仍使重延土邦者也。至於今日之各土邦。則皆與英屬印政府訂有條約。而得優游於寬大政體之下云爾。

印度之土邦。驟視之。人民似有國家觀念也。實者不然。印度全境。已無國家性質。各土邦人民。種類錯雜。各行其俗。夫所謂土邦者。非國也。不過不受印度政府直接節制之別名耳。各邦君主。亦非各該人民所素識者。人民之受治於邦主。無異受治於異族（英人）也。試言雷波 Rajput 人各邦。其邦主非由古皇族遺傳而世爲雷波各族之長者乎。其邦中人民。似素知邦主之歷史矣。孰知有不然者。蓋雷波人民。非盡雷波人也。尙有數種人民。錯雜其間。故人民受治於邦主。與受治於異族人無異。雷波邦尙如此。其他更無論矣。然雷波邦主、與其族人、（雷波族）誠爲自古印度之一政治團體。設雷波邦人民。皆爲雷波族。則尙似一國云。此外土邦之類雷波邦者。則爲薛克各邦。如在本佳省東部之巴歇拉 Patiala 邦。及納巴 Nabha 邦是也。其他如德雷文告瑪沙諸邦。似皆爲古時印度皇族之遺裔。然無論若何。皆幾遭覆滅之禍者。十八世紀中印度大亂。列強紛爭。幸有英人調護。故土邦得以生存於今日。以上所述之瑪沙邦。初爲回教徒所滅。英人卒復其邦土。至德雷文告邦之得以生存。一如瑪沙邦。邦主亦古雷波族長之裔。嗣因中印度瑪拉太悍將。Mahratta 大掠其地。求援於英。英人救之。雷波邦得以倖免。不致爲新地亞 Scindia 及花嘉 Holkar 所滅。尚有本佳省東部。薛克邦亦然。十九世紀之初。突有名冷傑新 Ranjit Singh 者。雄據本佳省。薛克幾爲所滅。亦以英人援助得幸存也。人有言曰。印度各土邦留存至今。歷年甚久。得以生存者。無非英人之賜也。此說頗確。至於今日英屬印度之地。英人佔據時。並無土邦。蓋於回教徒時代。瑪霍 Mughal 帝國強大。虎視鷹瞵。土邦中之小者。咸被歸併。其後瑪霍勢衰。羣雄並起。而瑪霍土地遂爲英人捷足先登。視今英屬印度各省。卽其地也。

英人征服瑪拉太土邦

十八世紀印度大亂。羣雄紛起。割地自雄。致有今玆大小各土邦之現象。土邦中最要者。爲兌肯 Deccan 哈德雷比 Hyderabad 回教土邦。郭利亞 Gwalior 之瑪拉太各邦。及印度中部之花嘉 Holkar 邦。勃羅特 Baroda 邦是也。哈德雷比邦之主。爲昔瑪霍帝國在南部之餘緒。其先人曾任兌肯總督。臣事瑪霍皇者也。其後瑪霍勢力浸衰。乃背之獨霸一方。當英人南略至兌肯。其總督竟爲一獨立國國主矣。國中人民。皆爲印度教人。國主所屬之兵。類皆傭工者。大半爲阿拉伯人。及見英人已至兌肯。乃首先與英聯盟。其後人繼立者。皆效忠英廷。其最足評議者則爲近今邦主。〔薨於一千九百二年八月二十九號〕最盡力於英所行諸政事。彼邦人民。稱道不衰。邦主爲印度世傳貴冑。治理其邦。又爲回教徒所推奉。故其一舉一動。人咸注意。且印度回教徒。全體奉之若神明。言出必行焉。至於瑪拉太各土邦。則如郭利亞 Gwalior 之新地亞 Scindia 邦。印鐸 Indore 之花嘉邦。勃羅特 Baroda 之監華 Gaikwarat 等三邦是也。此三邦與哈德雷比 Hyderabad 邦同時崛起。各邦創業者。皆爲瑪拉太種。瑪霍帝國之末季。隨其首領薛萬全 Sivaji 自西闍之地。疾趨而南。破城奪堡。〔瑪霍官長所駐〕橫掃中印度而北。所經之處。搶掠無算。此三邦中各有邦主。而以薛萬全爲各邦之長。統轄一切事務。三人中各據大地。後瑪霍帝被擒。乃挾帝親書御旨。持之四出收稅。竟如盜賊。朘民膏血而已。人民既罹其禍。又經暴歛。

困苦可知矣。三人既若是強暴。與英人又各不相容。其軍隊專恃刼掠度日。爲印度平民之仇者。垂五十年。兵連禍結。橫行各處。微弱小邦。多爲所滅。而財賄亦悉載以去。與英人相持甚久。卒爲征服。而甘心屈事英廷焉。先是於一千八百零四年。彼等與英將亞扇惠勒司雷 Arthur Wellesleys 氏戰於亞山 Assaye 敗績。再戰於阿貢 Argaon 又爲所敗。乃割地請和於英。其時內地各邦。不隸公司。行商往來。悉聽其便。公司未嘗禁阻。其後三邦邦主。失政殃民之事。時有所聞。英人以爲非將印度中部之政治悉行改革不可。至一千八百十七年。有勛爵瑪萊 Lord Moira 氏。其後侯爵海司丁 Marquis of Hastings 氏相繼提議改革。遂將雷波小邦及其他諸小邦之主。全歸英屬印度政府保護。並將以上所述之瑪拉太三邦軍械。一一接收。於此數小邦之主。撫慰之。限制之。監守之。於是向之雄視印度之三主。無能爲矣。其四出刼掠之盜兵。有遺散者。有誅戮者。無復留存者。於是英人在印之威望大張。印人咸知至尊無上之權。操之於英。而英人亦以保守治安自居。印度人咸以英屬印度所行之政策。爲印度各土邦之模範。各土邦無不降心相從。甘願臣服於英廷。邦政有不決者。悉請英政府裁奪云。

卡司滿邦之興替

其外尚有數事略言印度之土邦。如卡司滿 Kashmir 邦者。人民皆回教徒。而邦主反爲印度教人。卡司滿昔時本爲瑪霍帝國之軍省。瑪霍末季國勢瓦解。卡司滿省爲阿富汗人所佔據。未幾冷傑新氏將阿富汗人逐出。而以卡司滿省賜與其將爲食邑。組織薛克族邦。而名之曰卡司滿邦是也。英人與薛克人戰。其第一戰之結果。卒至卡司滿與英聯盟。英人仍以其地屬之邦主。使之治理邦政。今日之邦主。即冷傑新氏屬將之裔也。又有名塘克 Tonk 者。雷波泰那 Rajputana 之小邦也。昔時阿富汗人據之。屬下軍隊甚盛。分馬步二軍。別有一軍。號洋鎗隊。專以刼掠爲事。蹂躪印度中部。擾亂不堪設想。至一千八百十八年。英人招撫之。令遣散其部下之軍隊。嗣後不得刼掠生事。乃仍使爲塘克邦之主。今之塘克邦主。即其後裔也。現今印度之阿富汗 Afghan 邦。如在雷姆配 Rampur 者。在聯合 United provinces 省者。在印度中部之抱巴 Bhopal 邦者。其立邦雖在塘克邦之前。來源則莫不與塘克類也。

各土邦主之權才

印度全地。既有各土邦。又有英屬印度政府。其間相聯之關係。果何由使之堅固。此吾人不可不察者也。難者曰、其間有萬國公律爲之保障乎。抑有一定之律法乎。各邦主能有自由之權抑由英皇在議院所定而取締之乎。各邦土地、爲英屬乎。抑在英屬地之外乎。此等問題純屬乎法理者。鴻博之士所樂爲詳究者也。然各土邦與英皇之關係。深淺不一。各土邦之權力能自由管理與否。亦各不相同。英政府從未有一定之限制以分別之。且世界各國。從未有此等治法者。史記中亦不多見。故欲答以上問題。殊非易事。再此等問題之辯駁爲名字上之分別。非實際上之區別也。試先解釋『君主之權』。有謂君主之權者。獨一無二。無可束縛。掌之一人之手者也。有謂君主之權可分權於二派之手。每派名之曰半君權。如以第一說爲然。則各邦主皆不能稱爲操君主之權者也。如以第二說爲然。較爲切當。各邦主之權。因亞於君主。故稱之爲操半君權者。亦無不可。蓋印度之大權。操於英政府。各邦主盟約中。曾承認英政府爲主。而必須效忠者也。故邦主中無一有全權者。所有外交內政各權。或彼此交涉。或與他國交涉。或起戰爭。或講和議。各邦主須順從英皇所遣代表之命。〔卽指英屬印度政府〕邦中大事。須請命於英。方可施行。設邦主中有崛強違命者。卽以叛逆論。必被廢立而後已。邦主中有薨者。須由英政府册立。否則不承認也。邦主或有暴虐失政等情。英政府卽有干涉禁阻之權。至於定典禮。序長幼。賜爵。封號等權。又非邦主所能專主。咸操之於英皇。審是則萬國公律之條例。不得適用於英屬印政府。並各土邦也明矣。

印度皇族各邦之權力

乃細觀印度皇族所管之各土邦。其中大半所操之權。皆可名爲君主之權。其邦中於定律法。選任審判官。及各行政長官。與夫徵收稅餉。賞罰人民。一切政權。皆操之於邦主。邦主及其人民。不受英屬印度政府之審判。英屬印度之律法。亦不通行於各邦云。

土邦主之權力亞於王者

然則土邦之君主。可稱半君主權者。名與實均相副。試觀英議院所訂條例之言曰。『印度土邦之土地。屬於英女皇陛下。』又云『印度各邦。及君主屬地。亦屬女皇陛下。』云云。蓋英女皇於一千八百五十八年。宣佈於印度各君主之詔書有云『凡東印度公司治理印度各權。移歸英廷直接管轄。』嗣英議院所頒條例中。又重申女皇之言曰。『凡東印度公司在印所訂各項條約。移歸女皇陛下承受。均爲有効』云云。如是以觀。則印度各邦君主。本爲獨立邦主。惜一切政治與在印之英政府有關係者。不免爲條約所束縛。而各土邦之繼位者。權力亦爲條例所限。名之曰半君主權。較之別種名號爲確當也。

論閉守政策及『屬邦分離政策』

然則印度各邦主之權利。自應以英廷歷來所訂條款爲準。夫昔日所訂之條約。至今或有更改。故不得不一參觀今昔之條款。方可知其梗概。近日英廷所宣佈之政見。則以現今各邦所有之權。不得翦削也。初時印度各邦主之權。較今日爲大。且公司不甚干涉。最初所立條約。爲互相聯合互相友睦之條約。其如立約後。東印度公司權力反漸漸改削。蓋兌肯 Deccan 及瑪拉太各邦主。彼時皆爲獨立國。國勢有等於東印度公司者。甚有較公司爲強者。彼時因英議院令公司在印各職事員。毋專事擴充公司屬地爲事。故公司於既得之地。則僅持保守主義。然各邦中之強者。大有併呑弱邦之志。英人初意。祇須不驚擾公司屬地。公司卽不加干涉。蓋公司權力所至。祇及其屬地界址之內也。是爲『保守政策』。其後印度大勢日非保守政策之弱點見矣。蓋邦主之好勝鬭勇者。其志不但欲併吞鄰邦已也。且勢必攻在印之英政府。而爲英公司之大患。欲敉平之。非兵戎相見不可。故英人見保守政策之不善也。思有以改革之。適於一千八百十八年。雷波各邦爲瑪拉太雄主所摧殘。勢將吞滅。英人救之。又撫綏印度中部亂事。畢利此時機。一改其保守政策。而爲屬邦分離政策。所謂屬邦分離政策者。使土邦皆隸英政府大權之下。彼此不相交際。蓋至是而條約中之稱友邦者。不啻改爲英政府之屬邦矣。不但此也。且迫令各邦裁減軍隊。不得違背。惟各邦之內政。無甚重要者。英屬印政府仍不事干預。設遇邦主暴虐無道。不修政事。則不免爲英屬印政府所廢。甚至夷爲政府屬地者。是故爲土邦之邦主者。不必過於英明。卽庸弱之主。非大無道者。亦能保守其祿位。各邦處此屬邦分離政策之下。政治愈趨愈下。如五德 Oudh 之王。因失政被廢。設有別邦步五德後塵者。亦將有不堪設想者矣。且駐印辦事各官員。如達好西 Lord Dallousie 勛爵等。深以土邦政治腐敗。亟思有以改革之。取締之。於是英人重訂規條。略謂各邦主薨後。由其嫡子卽位。嗣子不能入繼大統。邦主若無嫡子。該邦土地。卽由

論『同心維一』政策

英屬印政府直接管理。土邦中最要者。如撒太拉 Satara 納浒 Nagpur 姜西 Jhansi 等邦。邦主薨後。無嫡子卽位。土地卽爲英政府接管。各土邦見條例如是之嚴。於是印度人狡焉思逞。而叛亂之事起矣。然其結果卒使英屬印度政府。移歸英皇直接管理。而有一完全之政策也。

新建之政策。名曰『同心維一』政策。前此之各土邦。英人不啻視同穢物。亟欲取消者也。今則不然。英人許各土邦以永遠長存。且助各邦之進行焉。此事實行之第一着。爲解釋各土邦之疑忌。然疑忌何由解釋乎。曰賴英廷之曲爲開導也。英女皇之諭旨。及開寧 Lord Canning 勳爵所頒之土邦繼位辦法。詳釋印人之疑竇。以御書爲鐵證。略謂『英廷必保各邦之永遠長存。並許各邦得以嗣子承繼爲主。回回教各邦承立繼位等條。槪依回回教例。英廷不加強迫。』御書中最後數語。則謂『爾各邦主。其永效忠誠。各守爾分。毋背盟約。毋懷疑貳。長守爾邦。毋或干涉爾爾其懔遵。特此通諭。咸使聞知。』

如是印度各邦主。如釋重負。無復前此之疑懼。不自安矣。然非經實驗。此政策終不

政府解釋各土邦之疑懼

能見信於各邦。或謂誠如御書言。設一邦主無道失政。其地仍歸英併吞歟。抑不加干涉歟。如言仍須併吞。則御書中明明有各邦得永遠長存之語。如言不干涉。設有違盟背約。竟聽其夜郎之自大耶。此種問題。姑不具論。試先以御書宣佈後之二事以證之。卽可知其實行與否。一爲勃羅特邦事。一爲瑪沙邦事。〔勃羅特 Baroda 瑪沙 Mysore〕勃羅特邦主。行爲乖謬。至於極點。失德之事。不可勝紀。英人廢之於一千八百七十五年。其地似可併入英屬印度政府矣。英人令邦主之母。承繼一子。其子乃英政府在該華 Gaikwar 族中所選擇者。善爲教育。以年未及冠。故擇職官中之老成碩望者數輩。攝行政事。旣冠。乃册立爲邦主。故今之勃羅特 Baroda 邦主。仍主邦政。英人之賜也。至於瑪沙 Mysore 邦。始則爲鐵布沙登 Tipu Sultan 氏所併吞。英人逐之。仍立瑪沙舊主。印度皇族爲邦主。然所立之邦主。治理乖方。其人民將有貳心。英人復廢置之。至該邦土地。英人並不吞併。惟邦中諸事。暫由英官長直接管理。至一千八百六十八年。廢主薨。英人乃以其八歲之嗣子。立爲繼統者。至一千八百八十一年。嗣子長成。邦事移歸嗣子管理。邦中一切案件。亦移與接辦。

土邦人民對於英女皇之心理

另立邦契一紙。詳載英屬印度政府與該邦之條約云。

印度各邦主疑忌之心。根深蒂固。本難融化。曾記昔時凡土邦之屬東印度公司者。地圖上概以紅線爲記。在本佳 Punjab 省之薛克 Sikh 邦主。瑪哈拉傑冷傑新 Maharaja Ranjit Singh 氏見之太息曰。印度全地。將全染紅色也云云。足見心中之滋疑莫釋也。英廷之所以保存勃羅特及瑪沙邦者。正欲解釋各邦之疑也。更有一端。不可不謂研究其故者。設某國政府管理他國之地。他國雖畏之敬之。然不過畏其強迫之手段耳。究不能啓彼等折服之心也。是故印人心理上關於英議院所訂英屬印度政府與各邦關係之定例。不甚注意。所震而驚之者。惟尊嚴之英女皇耳。英女皇維多利亞 Q. Victoria 諭旨中。溫語拳拳。有綏來之意。印度各邦主。既震悚而又感動。此所以帖然就範也。維多利亞女皇在位甚久。歷半世紀。此半世紀中。女皇之威名。深入印度各邦主之腦筋。故一千八百七十七年。上女皇尊號。稱爲印度女皇帝。亦本此義。是年特爾哈 Delhi 城。召集議會。舉行祝典。以上徽號。立登 Lytton 勳爵蒞會演說。略謂吾人今日宣佈女皇接受尊號。足爲印度各邦各同盟聯合英廷之證據自茲以往。甚願各友邦與英廷之關係愈密。信任益堅。永垂後世云云。雖然此尊號與英政府及各邦主間之條約固未嘗改變也。尊號禮節。一則爲推崇英女皇之舉。一則爲印度各皇族各邦主開誠布公。俾釋盡疑竇耳。疑竇既釋。自必與英屬印度政府直接効忠於英皇而絕無反對者矣。

土邦所佔之權利

印度土邦君主之地位。以利益論之。久爲人所豔羡。大邦君主。收入稅餉甚多。防邊之費。亦無須另籌。邦主及人民。享受英政府所造之福。若鐵道、若馬路、若船港、若郵電等各公益事務、皆英屬印政府所創設。而亦歸印政府集議。至土邦各政府。均由英屬印政府保護。毋詐毋虞。奠邦基如磐石。各邦主非大無道者。亦不至爲英屬印政府所干涉。然則各邦主之於英屬印政府。喜可知矣。夫彼等之思想。純爲注重於私產上之權利。自與英屬印政府同盟以來。不獨於私產上可以獨擅其利。卽關於英屬印政府之各政策。邦主亦得參預其間。試觀英屬印政府。每有爲印度全地或一部份發起公益事務。嘗諮詢各邦主之意見。如開濬運河。建築鐵道。興辦學堂。及郵政電報等。無不與之公同會議。是故邦主中之英明者。處此等境界。不難大展其才猷也。然而印度各邦主中。固不乏其人云。
雖然。其間不無爲各邦障礙之處也。夫宵小跳梁。標掠侵地之舉。早已滅跡。無復發見於印度國土之內。乃自英政府主張屬邦聯合政策以來。其取締各邦之力。雖甚微末。亦足以約束各邦。然則何由而約束耶。各邦皆有英屬印政府所派之駐邦員爲政府代表。英屬印政府與各邦交際文件等。皆由駐邦員從中互達。邦中內容。爲駐邦員所洞悉。遇有疑難要務。駐邦員得以勸告邦主。駐邦員邦主之間。甚相和洽。駐邦員並可爲邦主竭力設法。調停一切。不啻爲邦主之顧問。邦主亦坦懷相示。不以主權旁落於駐邦員爲恥。駐邦員亦不過意挑剔。然而萬一邦主有不正當之行爲。駐邦員未免起而力阻。於是邦主時覺有人在旁監視。舉動不能自由矣。在駐邦員之初意。不過監察各邦主所行政事。雅不欲多干涉內政也。近來英屬印度。無論何種善政。頗見發達。土邦中之腐敗者。自覺相形見絀。政事尤爲不美。當明士 Minto 勳爵爲總督時。在尤台泮 Udaipur 邦之首都演說。其言曰、欲得政治完善之評判。極爲易事。又云各邦遺傳之政策。大概於邦主人民二方面之關係。頗爲詳密云云。實則有不盡然者。昔時有數邦中所用之酷刑。如破鼻、割耳、杖斃諸刑。滅絕人道之舉。亦爲古時遺傳者。豈得謂盡美盡善乎。當時駐邦員尚不能干涉。況其他乎。

論各邦主對於改革問題之三派

約瑟茄雷 Joseph Chailly 氏之英屬印度政治問題一書。將印度各邦主分爲三派。(一)爲頑固派。一切風俗禮教悉遵古制。絕不欲改良者。(二)爲改革派。印度文字言語棄若敝屣。而學英文。改其服式。背其宗教族級制度。每二三年間輒赴英一次者。(三)漸進派。凡宗教族級及一切風俗。極願滌其舊染之汚。而不操之太急者。約瑟茄雷 Joseph Chailly 氏之言曰。第三派嘗考求歐洲風俗教育之法。及其仁德之由來。無論其或爲印度族人。或爲薛克 Sikh 族人。或爲回教人。皆能參酌新舊二者之間。循序而進。無過與不及之弊。其改革深合於人心。凡與邦主交好者。莫不讚其能保守國粹。而爲印度之肖子焉。然印度正在改良政事。非逐漸進行不可。約瑟茄雷氏於印度現勢頗稱熟悉者也。彼詳論各土邦之言曰。土邦之先進者。於政治實際上已有進步。故各土邦之邦主。有爲人稱頌者。亦有爲人詰責者。此數語非熟悉個中情形。不能道也。

(第八章完)

印度古今事蹟考略卷九

第九章　英人治印之計畫

大凡文明政府。以謀人民幸福爲事。然欲求治法之進步。必有理由。必有艱難也。印度政府。理由繁複。艱難叢脞。有爲世界各文明國所共有。亦有在英屬印度政府所獨異者。

統觀印度昔時之情形。與夫今日之現象。卽可得治印問題之要領。問題中頭紛緒繁。約可分爲三種。(甲)禦外問題。(乙)內政問題。(丙)政治發展問題。

初時禦外問題爲英政府所最注意

英政府在印最注意者。禦外問題也。其目光全在據險要之地爲邊界。以收一夫當關萬夫莫開之效。始則經略各土。嗣後英屬地漸次擴張。邊界及於印度大地之外。西向阿富汗斯坦 Afghanistan 及波斯 Persia 東向暹邏 Siam 及法屬地。然邊界險要。固爲防禦所必需。若無重兵駐守。其何以鎭壓而資屏障。外政內治。需款浩繁。試思欲奠三百兆人民於磐石之安。事豈易言哉。幸而近年來英人與阿富汗斯坦 Afghanistan 及俄羅斯之結局。頗足以保守印度。故英人在印屬地之禦外問題。今日頗爲圓滿云。

論現今印度軍隊之情形及增減兵額之爲難

觀夫近年來之各種改革。卽以軍事界而言。已足見其概。印度軍隊爲全球最強盛之一。印度地土之大。遣派軍隊。駐紮各處。必詳加研究而後可。軍械器用各品。爲最新之式樣。軍隊上所當研究之問題。如軍隊之勢力。軍隊之配置。軍隊之費用是也。在印度之軍隊。照常規約二十三萬五千人。歐人在印兵隊之數。較之印度土人作軍隊者。約成爲一與二之比例。以歐人視之。咸謂保守國內之治安。抵禦外界之攻擊。責任之大如此。而以此少數之軍隊當之。毋乃太不足耶。有夙稱陸軍有經驗者。亦云在印之軍隊太少。頗極危險。然今有軍隊。需款已不貲。其分派之法不易更變。更變則恐有禍亂也。蓋今軍隊上之支配。極爲妥愜。每一英兵。配印兵二名。由是言之。在印度之軍。統共二十三萬五千人。英兵之數爲七萬五千名。今日兵數及其他費用。極稱寬厚。是故需款甚大。在印歐兵除應盡之責任外。隱有監視印兵之勢。軍隊總數。支配既臻妥愜。所用軍長等員。又皆屬英人。自不至有他慮矣。至其薪俸。係照各處通行之例。若再厚其兵力。所費必更巨。而印度政府於軍隊上擔負餉銀之責任。不尤重耶。所以不添招歐兵。不再增軍隊。亦因限於經費也。是故印度政府最注意者。欲將軍隊之數說明理由使印度各級官員。皆知此數。不可再加。矧印度總督屬下之立法部。印議員中。有討論今日軍隊需用之數者。咸以爲所收公稅。似宜多撥款項。以助教育及社會上各種事業。乃統計各項費用。每年約七十八兆金鎊。而軍費所需已達二十一兆金鎊。外政內政間之支配。似不適當云云。吾人細思此輩之立論。意在裁減軍隊。節省經費。然不增而減。欲防禦印度之邊患。或有所不足。豈計之得哉。

禦外問題之解決

英屬印度禦外問題。以西北邊界上三患爲最足注意。(一)印度與阿富汗斯坦間之柏森小邦。Pathan (二)阿富汗斯坦國。(三)俄羅斯帝國。欲除以上三患。非使三邦分離。各不相顧不可。英政府有鑒於此。乃運其外交敏捷手段。卒使三邦不能聯絡一氣。以絕印度之邊患。卽如柏森酋邦也。邦中之人狀態與阿富汗人相類。一千八百九十三年。英人與之訂定條約。以柏森酋邦歸英節制。而爲英之保護國。自是以後。柏森邦與阿富汗斯坦。不復能聯合以拒英。一千九百零七年。又與俄羅斯訂約。約中所足注重者。俄人不得與英爭在印之權利。且聲明阿富汗斯坦國。實爲英之附庸藩屬。藉以杜俄人之覬覦。至於條約中關於波斯一方面之事。與此章無甚相涉。不復具論。雖然關於阿富汗斯坦之條款。阿國主尚未允諾。條款似無效力。然雖未允諾。確已實行者。良由小邦之力不敵也。柏森族者。本爲野蠻人種。酋邦中時相戰爭。謀刺流血等慘劇。習以爲常。英人許以自由治理。卽有悖違人道之事。亦不加干涉。祗須不背條約。邊境無事已耳。是獨立酋邦者。與阿富汗斯坦 Afghanistan 爲同族。似與印人不甚接洽。若一旦失和。必至演成不可思議之慘劇。蓋以現勢論之。邊界之兵。皆有最新式之利器。非徒手相搏者可比也。雖然、自與此等酋邦訂約後。和平保障之力日增。彼輩亦不復爲邊患。審是則禦外問題。似已解決。邊界之謀。毋須亟亟也。

英人在印之初政

外政易於解決。內政則不然。當印度之初爲英有也。如一傾倒之屋宇。殘破不全。英人初政。補偏救弊。以冀復成一完全之國。於是定法律。練巡警。設大理院。築監獄。以爲理民事之先導。鐵道、郵政、電報、相繼以興。又利用印度各大河而開濬之。以灌溉

英人所行新政之效果

各地。因之印度大地。渙然一新。以現今之印度與當日謀叛時印度較。民情風俗之改。山河氣象之新。已不啻有天淵之隔矣。然而登邱垤者。不知崗陵之高也。涉溝港者。不知洋海之大也。印度現勢。雖稱完備。而未來之希望。豈有限量耶。是故印度應興應革之事。不得謂非印度政府之責任。無論何國。必有實業上之改革。雖遲速不一。要皆不外乎由淺入深之一境。印度政府。於維新二字。已有成績。工業上亦漸形發達。要知印度今日之現象。正在從簡單之農業階級。漸趨入各種實業之途。以擴充商務爲將來之目的。然此種改革。其弊甚多。興利除弊。是所望於印度政府。

印度之實業改革。可謂層累而進。六十年前之農業。各自爲村。村莊之事。村中人管理。村中所產。祇供給本村人民。或補助鄰村之用。蓋彼時既無馬路鐵道。又無航路可以通外埠也。村中所產小麥及棉花等品。皆行銷於其本地。今日印度之情形。則不然。其出產品甚至尚未成熟。已爲倫敦定銷者。又在本住 Punjab 省有數兆頃良田。昔時一荒僻之區耳。其地幾無雨水。大類埃及 Egypt 今則河道開濬。已通至希瑪拉亞。Himalaya 山融冰而成之河流。爲灌溉之用。然則不毛之瘠土。一躍而爲膏粱之繡壤矣。且此法不僅用之本佳省也。各處莫不類此。故農業發展。農間出產物。足以運出外洋。應各國之取求。蓋印度村落治法陡然成此鉅觀者。有三大原因。首由鐵道運河之開築。次爲港口船廠之始設。又次則如創辦郵局電局等新政之力也。國勢和平。辦理合度。實爲商業上戰勝之張本也。

印度工業之發展

新事業之興起。亦爲改革中之緊要者。然於印度惜不多見。說者謂各種改革。正在幼稚時代。未能通國一致。在克爾克脫 Calcutta 及其附近地。麻草廠之多。足與鄧提 Dundee 相頡頏。在孟買 Bombay 省。棉花廠之多。計二百餘家。足與冷開叟 Lancashire 〔英國棉花業最盛之區〕爭勝。緬甸省米廠甚夥。米粒去穀加漿各事。皆廠中爲之。此外各種實業之小廠。遍興於印度各處。孟加拉 Bengal 等省。產煤最富。鐵苗之多。甲於全境。已設立銅鐵工廠矣。摩利遜 Sir Theodore Morison 先生論印度實業上之改革。有云。工業製造業已萌芽。其發達之速。不可限量。誠哉是言也。

英屬印度政府之關心民瘼

印度人民三百兆。自有此種改革。於政治上發生無數問題。卽農業發展一道。影響所及。不止一端。如地土之價值陡增。富有田產者。皆欲增加租價。蓋因商業中人。咸思置產。向農人設法購置田宅。而二弊亦於此發見矣。(一)貧苦無知之農人。大受產主壓迫之苦。(二)薄有田地之輩。爲放債者所誘。漸至債務累累。不得不以其祖遺之地產相償。有此二弊。於是政府有取締地主之條例。以免壓制。而資保護。英屬印度政府所最注意者也。世界各國。恐無有如英屬印度政府之關心民瘼者。立法何其善也。然其間亦有故在。夫印度以農業爲天。英屬印度政府。故不辭煩瑣。盡力保護。卽所以奬勵農事也。以法理上而言。印度政府爲印度土地之主人翁。祇因政府歷來自棄其權。致民間私產。賣買田地。一任各產主之自由。政府權稅其出產。以爲國餉。惜徵收出產無一定之條例。昔時由政府隨意徵收。譬如有所產祇十石。徵收亦須十石者。田主租戶兩受其害。其徵收田稅之法。實爲昔時印度本地政府之苛政。(至今各土邦中尙有沿此例者)然在英屬印度政府。則不然。政府所定徵收之率。較昔時印度政府爲廉。有一定條例。名曰地稅規則。徵收地稅規則中。條例極複雜。要而言之。田主除付地稅外。所餘尙多。如在本佳省運河錯雜之鄉。每畝賣價約十金鎊以上。設如地稅繁苛。何人肯出此價以購地畝哉。英屬印度政府之政策。在於廉定稅額。一則獎勵農人。一則蘇薄有田產者之困苦。假使大地主大增其地租。或小產主爲放債之重利逼迫至於債務纏擾。不得不割棄祖遺之地產。以爲抵償之計。農民之困頓。爲何如。此英政府所不願聞者也。於是不得不定租地條例。以保護之。雖各省皆有各省之條例。然其大致在取締大地主。不得任意增加租價。以蘇租戶之困苦爲宗旨。若無大地主之各省。省中皆徵有田產者。又嚴禁小地主。將田地賣與商人或放債者云。

尙有別項關於地土之問題。如印度農人類皆擁肥美之土質。恆爲資本所限。無力開墾。否則所收將愈豐。於是印度政府。助其資本。與農人協力同心。且爲雇有農事學識者。爲之指導。可謂仁至義盡也。再者、向例地稅定章。有二十年一修訂、有三十年一修訂、視各省之情形。而定年分之久暫。地稅定章。雖極廉矣。然每年必須徵收每年之地稅。設遇荒歉。貧苦小地主。豈不因之敗家蕩產哉。於是英政府下令。每遇荒歉。其受災之區。暫緩收稅。或竟豁免。以抒民困。又有關於運河之重大問題。如昔

運河之利益

時荒漠之鄉。自有運河灌溉。運河之支流。幾遍於全國。遂使該地頓得善價。如本佳

Punjab 省西南部羌那 Chenab 運河所在之地。古時爲一荒僻瘠土。自得羌那運河之灌溉。頓成膏腴之地。雖然地土則誠美矣。其如無人前往墾種何。政府於是令收稅員與濬河委員會同前往。丈量田地。開拓村莊。招安分之農人。分給田地。使之耕種。酌取其費。以付水道之值。設立市場。廣築馬路。而城鎮成矣。舉昔時荒漠無人之地。一變而爲五都之市場。正不止羌那 Chenab 運河一區已也。凡開濬運河之處。辦法莫不類此。所以不得不歸功於政府之措置有方也。今日所稱之稅務員。及其屬下各員。儼如收稅之代理人。代表政府。會辦印度地土事務者也。凡關於公產上應興應革之事。及農人之疾苦等。皆稅務員之專責。可知政府各部中。無有一部如稅務部之與民有密切關係。侃狀勳爵 Curzon 在孟買省辭別時之演說中。有鄉人爲國之筋骨一語。亦言農業爲政府所宜注重。聖王在上。而民不凍餒者。其同此意也夫。

論衛生之亟宜講求

印度自海禁大開。工業發達。商務遂蒸蒸日上。於是又有衛生問題發生矣。何言夫衛生。蓋自商業開拓。各大城鎮。人數驟增。車轂擊。人肩摩。幾無駐足之地。因之於生命上影響極多。此衛生問題所以亟宜講求於印度也。人數之多。以印度之克爾克脫 Calcutta 及孟買 Bombay 城爲最。蓋鄉村農人。不能清潔。咸欲插足商界。羣奔走於克爾克脫孟買各大城之市。而各大城因之人數擁擠。旅行家嘗言孟買城中。窮苦低窪之屋。鱗比鯽次。克爾克脫與雷貢 Rangoon 城之黑暗污穢。及種種關礙衛生者。指不勝屈。目下正在革新。凡昔日之毒害。今已知之。政府又通令各地方市政廳。舉辦衛生事宜。使城鎮市鄉之居民。於清道居室。愼食謹服。凡於衛生上有關係者。無不洞然於衷。孳孳焉惟恐不及。亟思所以補救也。至於印度各工廠。於衛生一切。亦多缺憾。廠中工人。類皆來自田間。垂涎工資之豐厚。相率趨城鎮廠中作工。自奉甚薄。銖積寸累。以博蠅頭之微利。持金錢主義。不顧生命。工作逾時。且居於卑陋之草屋。污穢低濕。不覺其苦。不講衛生。恆至瘐死。大可悲也。據廠中公會調查云。印度各廠。自設電燈以來。工作時刻愈長。小孩做工者亦多。今則新訂廠家條例。限定作工時刻。以免金錢主義者之操作過勞。妨礙身體。然欲使各大城之實業完善。人民生計蘇裕。非旦夕間所能布置。尚待日後之進行云。

論改良衛生之難

各大城鎮之居民既衆。疫症自多。芟除疫症爲印度公衆衛生問題之一。國中工藝愈發達。則此事改革愈難。今日印度與世界各處商務往還日形繁盛。而印度之衛生。亟宜講求。惜乎尙不滿人意也。昔時印度之疫症、流行病、祇防其流行於一國而已。今則恐流行於域外。故各國於衛生上尤爲注意。設有霍亂症、或他種疫症盛行於印度。歐人立卽提防。凡船隻自印度到歐者。不許進口。或須由醫官詳細驗看而後得入。蓋恐疫症毒菌之傳入於歐洲也。近十五年中、瘟疫盛行於印。瘟疫之原。於一千八百九十六年。由中國傳入印度。先侵鼠類。後人類亦沾是疫。患者諸醫束手。統計染疫而死者有七兆餘人。誠爲獨一無二之慘劇矣。此疫蔓延各處。似爲文明進化之一大阻力。是故印度公衆之衛生。務須用全副精神以改革之。然改良衛生問題。極難解決。初意以爲改良簡單之村莊。似較之複雜之城市爲易。實則亦非易事。不但於村莊上裝設水廠。或多開溝渠爲難。卽改革村民平時之風俗飲食、習慣。有不潔者。使之潔。已屬非易。蓋村民狃於積習。世代相傳。何能遽改。至舉辦衛生之款項。姑置不論。尤有甚者。社會及政治上之阻力耳。東方人恆言不喜用歐洲水管。

意謂東方人清潔自有東方之制度。歐洲水管。雖既便利又清潔。究非吾人所習用者云云。卽此一端。已可見改良印度鄉村之衞生。非經人民同意。究不能進行一致也。英屬印度政府於此一端。頗覺兩難。若以歐洲人目光視之。則無論行商。無論求學。皆宜清潔。且清潔亦爲道德上不可少者。然印度人之爲職官者。則謂清潔固宜講求。無如人民習慣自然。不易遽改。且人民心理上最反對者。破壞彼等之積習是也。是故嘗勸政府勿事輕舉妄動。致啓惡感。須待人民智識日開。方可興辦。屆時官長督倡於上。人民仿效於下。衞生上之進步自速矣。

論印度人教育情形

然則何時方可祛除積弊。又何由而人民始克臻此程度耶。咸謂非多開學校。廣行教育不可。於是印度之普及教育。爲印度政府目下當務之急。而尤須亟亟討論者也。近今印度於新政上所生阻力。皆根於人民無智識。及未受教育之故。大略言之。印度全數人民受教育者甚少。有少數人雖受教育。殊不完全。侃狀勳爵 Lord Curzon 於一千九百零一年、召集一教育大會於新姆拉 Simla 侃氏演說曰。目今印度每四村中。有三村未設學校。及年入學之小孩。祗有三兆人。卽全數小孩五分之一。然此三兆人亦尚在蒙學。此豈一好現象乎。侃氏演至中段。語語警惕。有云諸君乎。印度最大之禍患果何物乎。人民之疑忌心。虛誕心。暴動心。貪多心。是也。是數者何由而發生乎。曰、人民無知無識。故慾念因之發生。然則補助之道奈何。曰、厥惟學問。吾人若以學問教之。則程度必因有學問而增高。學問既高。必成爲社會上或政治上有用之人物云。教育事宜。自爲侃狀氏鼓動以來。初等小學校增加甚多。現今入初等小學校者。約四兆人。然不入學者。尚有十兆至十二兆人。至於印度女孩。至今尚不見入學校受教育云。未受教育者。尚如是之衆。欲求教育普及。豈非一大難問題哉。且非厚集款項。亦不足以濟事也。然每村本皆有款項足以自建校舍。自請教習。而人民之心理。尚遲疑觀望。蓋未知興學之有益於子弟也。現在印度村民。甚不以教育爲然。故村中雖有學校。校中必有無數空額。何也。鄉愚子弟。其父母每不令入學。恐一近書籍。卽改變其平日儉樸耐勞之性質。此等拘泥之見。將來必歸天演淘汰之列。今日教育二字。無論自由強迫。於印民尚遠。聾者不可以別聲。盲者不可以鑑貌。下士聞道。從而大笑之。此之謂也。

印度高等教育之缺點

印度之高等教育、改良問題。亦屬緊要。近日高等教育章程。竟爲衆矢之的。有謂教育法、如機器能動作而無生氣。或謂不能造就眞材。或謂教者程度太低。學者程度尤低。於學問上不能詳加細味云云。乾姆司 H. R. James 先生。爲克爾克脫 Calcutta 大書院院長。於印度教育上頗有經驗。著有一書。名曰印度之教育。其論印度之高等教育章程。殊不滿志。先生又曰、印度大學書院。及高等學校之辦法。誠有無數缺憾。又謂自侃狀氏首倡改良高等教育以來。印度之高等教育。如得一新生命。可冀漸次發達。考侃狀氏所倡之改良辦法。通過後。旋將印度四大學重訂校章。其餘條例。如改良教授之法。改築校舍。以適宜爲度。添置學堂書院儀器。改輕學堂考試章程。使學者不因考試時僥倖獵取功名。平日細味書旨。研究其精神所在。不以強記爲能。以冀養成有用之人材。又將地理、歷史、格致、理化、測算、工程、醫科、及其他實學。精益求精。使學者不僅竊取皮毛。以爲利祿之途也。然此境要非一蹴所能幾。舍消極而言積極。須政府諸公之心理。與人民之心理。雙方並進。方克收效果也。

論英屬印

衞生改革既如彼。教育改革又如此。然尚不足以謂印度所應辦之事盡在是也。蓋

度政府收徵稅則之寬典

國步日進。政務日繁。而應興應革之事。亦日衆。非僅衛生與教育所能包括靡遺也。他如警務、如何使之完密。路政如何使之整齊。大理院審判各員人數之不足。如何添增。收稅處調查處、各員事繁薪薄。如何酌加。公家醫院。及儲藥品之器具材料。尚欠精良。如何使之適用。凡百新政。非厚集公款。何能於種種腐敗之時。着方新之手續耶。然猶未已也。尙有一根本上之問題。卽所入之稅項。不足以應支出之要需是也。印度本東方古國。風俗未開。全無更新氣象。自英屬印度政府成立以來。百度維新。在在需款。故政府日處於爲難之地位。在印度所徵之稅。以歐人視之。稅額甚廉。既無人口死亡稅。又無產業稅等名目。所徵地稅。並不暴斂。每畝地所納稅銀。至多二先令耳。其餘所徵者。不過進款稅。然凡自地土及農務上所進之款。概行豁免。應納進款稅者。每鎊不過六辨士耳。亦不爲苛。其他如藥材酒精稅。各口岸關稅。公文契劵之印花稅。及鹽稅而已。徵取鹽稅。或爲人民所怨。故近來數年鹽稅。稅則大減。今則每鎊不過納一法旬耳。〔四法旬等於一辨士〕貧苦之民。每年需鹽。應付鹽稅。不過二三辨士。每人應納所用進口貨物件之稅。統計算之。亦不過三辨士。設如不嗜烟酒。不涉訟事。每年每口所費稅銀。祇此而已。若以印度全數人民。無論貧富。平均計算。所應納之稅費。除地稅外。每年每口不過二先令耳。稅額雖如是之輕。然印度人民於付進款稅時。視一法甸爲已多。此稅額不再增加之一因也。印度政府。舉辦教育衛生及他項事業。已屬不貲。再增五兆、或十兆鎊。亦不過耗費而已。況五兆十兆者之鉅款。從何而來耶。非大加鹽稅及關稅不能得也。然此二者。印度人民久以爲苦。若再增加。豈非重累吾民。印度政府處此爲難之地位。不辦新政則不可。欲加稅則又不能。進退維谷。束手無策而已。故印度將來若臻富庶。可預卜稅額之必加增也。蓋人民既富。需用較繁。應納物件之稅。亦因之而加增。雖然、取償於彼也。

安知不失敗於此。印度自與中國鴉片貿易以來。印度政府久享其利。抽稅每年贏餘。約計三兆金鎊。目前鴉片貿易將歸消滅。而此項徵稅。恐亦將烏有矣。印度政府籌辦公益事。需款孔亟時。全賴乎此。烟稅贏餘之數。雖不正當。然久爲政府所利用。一旦消滅。於財政上未始不受影響也。

利用外債

雖然。猶有進者。印度政府於各項新政之發展。幸不僅賴此所收稅銀也。若鐵道、若運河、若船塢、若船港等。類皆有利源之事業也。可以借款興辦。印度政府信用素孚。設有公家事件。需款興辦。資本家恆樂爲借給。取息甚微。是故以英人之資本。略休息款興辦印度各種實業。有利於印度者甚大。有時印人以爲寄息銀至異國。債主。爲印度之大患。以漏卮視之矣。實則印度各大事業。皆以外人資本而興辦者也。至今日其利倍蓰。印度因之日增富庶。非利用借外債之效耶。況借款之利息毋須文民應納。自鐵道運河等所進之款。除付借款利息外。尚有贏餘以佐他之用。印度之公債。類皆因興辦實業而生。其數本不甚巨。今則年年減少云。

以上所述內政各問題。雖屬簡單。然可以知其大概矣。今試略述一二律例上之间題。

英屬印政府之所以感服印人

論印度之英政府者曰。政府如一大機器。治理印人之數。約佔全球人民五分之一。其公共事件。皆賴此機關獨立支持。不須人民幫助。雖然。尚未曉然於印度之歷來情形也。以今時之印度證之。情形更全然不合矣。印度人民。與印度之政府。交接日漸密切。初則英政府之治法。在印人眼中。全屬來自異國。然政府中各級官長。類皆勤政愛民。敏於辦公。雇用印人。亦有數萬之多。聯絡交接。互通聲氣。故人民悅服。英政府雖屬專制政體。然於人民之心理意趣。無不曲意體諒。民之所惡惡之。民之所好好之。有王者愛民之心。侃狀勳爵 Lord Curzon 嘗言。統計印度人民中。如疲癃殘廢、食力貧民、農夫工人之類。其間有百分之八十。無政治智識。亦不閱報章。其心理上不無偏見。英政府權其利害。亦有曲從彼等偏見之處。如焚殺寡婦、溺斃嬰兒等事。久爲英政府不忍覩。然一時亦未便禁阻也。至今尙有關於社會或宗教上之習俗。亦爲英政府所疾視。而亦有曲從人民者。蓋欲改革一事。必採悉人民之意見若何。觀念若何。若人民絕不以爲然。英政府必置之弗論。卽或人民於政府所欲改者。不甚反對。英政府亦必詳加審察。倘有關於歷代相傳之事蹟。以及人民之好尙。必愼之又愼。從不輕易改絃更張。要先權其利弊。方能興舉。此印民之所以感服英人也。

論印人自治團體日形發達

近年以來。人民與政府交際日密。國中工部局隨處設立。議會如林。自治機關。逐漸發現。此等團體。雖屬官長節制。然彼等宗旨。無非提倡人民。使公益心。道德心。日見進步。至各團體於興辦教育一道。成蹟甚優。而於各大城之教育爲尤甚。試往克爾克脫 Calcutta 或孟買 Bombay 爲一日之游。卽可見其今昔之情形不同也。且各鄉邑團體。與地方自治。頗佔勢力。如逢工部局會議公務。或議改良城鎮。或議創建大學校。或於設立議事會及省立法部。每開公會。印人辯論。頗有卓識。公會中印人會員。較歐人爲多。開會辯論。侃侃而談。並不有絲毫懼色。官長權力。號爲極重。然所定議案。尚不免爲會員所删改。印人於公共事件。如法律章程之類。極爲勇往。中央政府及各地方政府。事雖由英人主持。而職官中大半皆印人也。

律例改良政策。明土勳爵 Lord Minto 及瑪萊勳爵 Lord Morley 所主張者。與印地情形吻合。自然推行無間。由是而印度人民與英政府之關係。情逾骨肉。凡關於印度及英國公共利益。咸知保存。政府與人民既協力同心。政治上之艱難。行將歸於烏有。而英政府行政之權力。亦由此張大矣。